Alzheimer mon amour

Cécile Huguenin

Alzheimer mon amour

Récit

Ouvrage publié
avec le concours de Christian Sauvage

Si vous souhaitez contacter l'auteur :
cecile.lecteurs@gmail.com

© 2011, Éditions Héloïse d'Ormesson

www.editions-heloisedormesson.com

ISBN 978-2-35087-170-7

En application de la loi du 11 mars 1957, il est interdit de reproduire
intégralement ou partiellement le présent ouvrage sans l'autorisation de l'éditeur
ou du Centre français d'exploitation du droit de copie.

À Boris Cyrulnik,
qui sait « parler d'amour au bord du gouffre »

Avant-propos

Ce sont nos frères humains

Par le professeur Jean-François Mattei,
président de la Croix-Rouge française,
membre de l'Académie nationale de médecine

Bercé par les succès de la médecine qui repousse davantage l'échéance de la mort, chacun a pu commencer de croire au mythe de l'immortalité. L'espérance de vie s'allongeant de trois mois chaque année, l'homme, une fois encore, pouvait se croire l'égal des dieux.

La réalité pourtant est tout autre. Avec l'âge, apparaît le risque de voir le corps et l'esprit rompre leur attelage. La fréquence croissante de la maladie d'Alzheimer et des syndromes apparentés le démontre. Le corps peut être bien portant, il se révèle, pourtant, incapable d'épauler un esprit défaillant. Un esprit qui sort de ses espaces convenus. S'affranchissant des usages ordinaires et bousculant les repères familiers, il refuse l'embrigadement et dessine sa propre maison dans son environnement singulier. Nouveaux espaces d'un nouveau monde qu'il faut apprendre à découvrir. Obéissant à des ressorts encore inconnus, cet esprit devenu insaisissable déroute et dérange.

Il déroute d'abord celui, ou celle, qui des années durant avait appris à deviner les désirs et les réactions du compagnon de vie. Après tant d'années partagées, découvrir que l'autre cesse d'être un autre soi-même pour devenir étranger est source d'une blessure indicible, d'une douleur immense. C'est une déchirure souvent plus difficile à porter qu'une mort imprévue. C'est une nouvelle rencontre qui s'amorce, une nouvelle vie qu'il faut inventer. C'est un monde nouveau où tout se mêle, sans logique apparente ni repères visibles, qu'il faut affronter.

Où se tourner pour chercher aide et assistance ? Les données scientifiques sont encourageantes mais encore si incomplètes, la médecine est souvent déconcertée au point de jargonner, les autres dont le regard interroge et qu'on s'ingénie à éviter ne sachant que répondre. Le parcours est encombré de tant d'obstacles qu'il prédispose au désespoir et au renoncement. Heureusement, reste la force de la rébellion. Cette rébellion qui porte à refuser les opinions trop faciles justifiant qu'il n'y a rien à faire, que la frontière entre la présence et l'absence est franchie, que l'humanité s'est perdue dans l'indécence de l'indignité, qu'il faut tourner la page en admettant que la mort s'est imposée avant l'heure sur un autre mode. Après tout, qu'importe un corps qui se meut si l'esprit a déserté ?

Tous ces lieux communs sont abordés et argumentés dans le récit de Cécile Huguenin. Sans fard, sans mensonge, sans honte. De la découverte de la maladie à la quête du bonheur réinventé chaque jour au prix d'une volonté sans bornes. Outre la découverte progressive de la vérité qui s'impose, ce qu'il faut retenir de l'itinéraire qui nous est raconté, c'est la force incroyable d'un amour jamais démenti. D'un amour qui se bat, improvise et jamais ne renonce. D'un amour qui forge sa propre espérance et guette sans relâche dans le regard de l'autre un éclat aussi fugitif que merveilleux témoignant d'une réelle présence au monde.

Ce récit est, en outre, précieux car il raconte le vécu de celui qui veut encore se battre pour retenir la vie de celui qui s'en va. Tant de familles sont confrontées à cette épreuve redoutable sans que les professionnels sachent toujours comment s'y prendre pour ne pas les blesser davantage et, si possible, les soulager. Ce récit est profondément humain car il parle de la vie fragile et de l'amour puissant. Il parle des hésitations entre rêves et réalités. Il ose dire l'indicible avec la sage humilité des caractères bien trempés.

Mais ce récit raconte aussi combien la société éprouve de difficultés à trouver les bonnes réponses, à organiser de nouveaux lieux de vie adaptés, à refuser les solutions collectives pour privilégier les parcours personnalisés, à mieux comprendre qu'avant le dernier souffle de la mort c'est la vie qui s'impose, sans tergiversations possibles. Qui pourrait affirmer que ces personnes, apparemment absentes, n'éprouvent rien ? Au-delà de leur différence, elles sont vivantes et détentrices de la même dignité que chacun d'entre nous. Nous devons les accompagner, les entourer et rendre leur vie aussi belle que possible. Ce sont bien nos frères humains. C'est d'ailleurs, à mon sens, l'avenir de notre humanité à tous qui se joue dans ce combat.

Première Partie

2006 - 2007

La boîte rouge

*Il fallait que je me sépare de moi-même,
que je prenne du recul et que je libère
un espace entre moi et mon sujet.*

Paul Auster
L'Invisible

Elle est assise en face de lui. Toujours aussi beau, toujours aussi séduisant. Les enfants l'avaient surnommé Clint, à cause de sa dégaine de cow-boy élégant et de sa collection de casquettes. Ces jours-ci, il porte une casquette américaine en toile écrue brodée d'un gros NY et ne consent à la quitter le soir qu'à condition de la troquer contre son vieux bonnet de ski. Tricoté par sa maman, en laine rouge avec un drapeau de son pays natal cousu sur le devant. C'est le signe qui lui permet de savoir comment le mettre dans le bon sens, enfoncé jusqu'aux sourcils, parce qu'il a froid. Il est assis, mais il aurait refusé qu'on lui cède une place. Si d'aventure un geste semble le lui proposer, il se détourne de l'air de celui qui n'a rien vu, qui n'a besoin de rien. Un reste de fierté dans le maintien qui en impose encore.

Elle pose sur lui ce regard amoureux que trente années de vie quotidienne n'ont pas réussi à user. Lui revient la question lancinante qui la transperce, la bouleverse, l'obsède, parce qu'elle est sans réponse. Pourquoi a-t-il contracté la maladie ? Le nom de cette maladie qui fait tellement peur que les médecins ont pris leur temps pour le prononcer. Ce mot que tous ceux qui l'aiment ont eu tant de mal à entendre. Deux longues années à constater, impuissante et solitaire, son naufrage progressif et inéluctable, comme si chaque jour un petit morceau de lui venait à s'engloutir dans des profondeurs inconnues. Rien d'autre que s'agripper à sa main pour le retenir, au risque de disparaître avec lui.

Lui aussi la regarde. Mais ses yeux qui étaient bleus quand le ciel était gai, gris avant la pluie, verts au bord de l'eau, sont désormais incolores, transparents, lessivés de toute présence intérieure. Ils la traversent avec l'éclat froid du laser. Indifférent au monde qui le côtoie, au bruit, aux soubresauts de la rame de métro qui cahote, il attend. Sagement, docilement, il attend qu'elle lui prenne la main, le guide dans les couloirs, les escaliers vers la sortie. Accroché à elle au point que son bras lui fait mal. On a identifié des tendinites pour tous les gestes, du sportif, du peintre et même de l'écrivain. Mais connaît-on la tendinite de l'aidant ? Ce terme affreux dont on a affublé le compagnon de vie qui accompagne le départ de l'autre vers un ailleurs de plus en plus inaccessible.

Au début il accepte son rythme, mais peu à peu elle sent que sa marche devient rétive. Une raideur dans le bras, des pas retenus, les pieds qui traînent sur le pavé. Pas un mot n'est prononcé, mais le fil qui les relie se tend imperceptiblement. Elle ralentit la cadence, soucieuse de ne pas s'arrêter. De peur de ne plus pouvoir repartir. Les passants à l'heure de pointe les doublent en toute indifférence. Comment pourraient-ils deviner que ce couple entraîné à marcher l'amble, main dans la main depuis si longtemps, accordant son rythme à celui de l'autre instinctivement, ce couple harmonieux et uni marche ce matin-là vers une séparation irrémédiable.

Ce matin, elle le conduit pour la première fois au centre d'accueil de jour. Sa réticence subtile rappelle les enfants, le jour de l'entrée à l'école maternelle. C'est dur de conduire son enfant vers la première séparation. Mais on sait qu'il va vers l'avenir. Qu'il faut élargir son monde pour lui permettre de grandir. Avec lui, au contraire, elle n'arrête pas de remonter à l'envers le courant de la vie. Marquer son linge comme pour les départs en colo. Aujourd'hui, la rentrée des classes. Une jeune fille l'accueille, fraîche, souriante, chaleureuse. Il l'accepte d'emblée, parce qu'il ne supporte que les femmes agréables à regarder. Il a refusé de revoir la dernière neurologue en date « qui ressemble à une sorcière ». Celle qui a posé le diagnostic sans appel. Et qui lui a parlé « comme s'il était un petit con ». Comment lui donner tort quand elle assiste impuissante au monologue médical qui le traite comme un objet définitivement bon pour la casse. Même pas un regard pour lui quand elle a énoncé ses hypothèses d'évolution et sa commande d'examens approfondis.

À son tour, la jeune fille le prend par la main, répète son prénom. Déjà un couple d'amis. Elle, elle reste plantée là, un cactus en pot tout hérissé d'épines, oubliée, rejetée vers le monde qu'ils ont quitté en franchissant cette porte. *Au-delà de cette limite votre ticket n'est plus valable...* Comme pour le confirmer, un homme fait irruption auprès d'eux, troublant cet instant si fragile. Pantalon de treillis et sweat camouflage, il se précipite sur lui et lui serre vigoureusement la main en s'exclamant : « Enfin, vous voilà mon colonel, on va pouvoir passer à l'attaque ! » Elle déchiffre furtivement le badge épinglé sur sa poitrine, prénom et date de naissance. Antoine a cinquante-sept ans. En faisant le salut militaire, il se débrouille pour la bousculer. L'intruse n'a pas droit de cité dans leur univers. Ils vont pouvoir jouer tranquilles sans elle aux petits soldats, aux gendarmes et aux voleurs, au Scrabble, au domino géant.

Au bras de la jeune fille, il est parti sans se retourner, à la poursuite d'une bonne odeur de café qui serpente dans le couloir coloré, épinglé de dessins, de collages, de peintures comme les murs de la maternelle. Les deux silhouettes s'estompent. En un long travelling blanc sur noir, le couloir s'étire et se rétrécit. Les murs se rapprochent. Comme dans les contes d'Edgar Poe. Elle, elle le voit entrer dans le couloir de la mort. Il avance seul à la rencontre de cet étrange au-delà auquel nous aurons tous à faire face un jour. Il prendra son temps puisque, à chaque pas, il oublie le précédent et l'échéance dont il se rapproche. Sur ce chemin dont nul ne connaît la longueur, mais tous l'issue, il perdra chaque jour un fragment de lui-même et de leur histoire. On se fait à l'idée de la mort. Mais comment va-t-elle faire désormais avec celui qui est là sans être là ? Peut-on faire le deuil d'un être vivant ? Comment ? A-t-on décrit des étapes de survie pour celui qui reste face à un couloir vide ?

Elle aurait voulu les suivre, partager avec eux ce café qui sent bon. Elle n'a pas été invitée. La porte qui va les séparer est plus lourde que le portail qu'elle franchit en le quittant. Une masse s'abat sur elle, lui écrase la nuque, les épaules, le dos. Elle n'était pas préparée. Le matin de ce premier jour, elle se disait : « Aujourd'hui je vais profiter de cette liberté nouvelle pour faire plein de choses... » Maintenant elle est désœuvrée, désemparée. Toute la journée, elle va errer en attendant l'heure de la sortie. Elle ne fumait plus depuis longtemps. Son premier geste de femme libre est de s'acheter un paquet de cigarettes, en espérant que, comme lui, la fumée l'aidera à oublier. Elle marche le long des berges de la Seine, se penche sur son eau verte et glauque. Vertige. Serait-elle accueillante ? Bonne nageuse, elle ne pourrait s'empêcher de brasser. Il lui faudrait s'emplir les poches de lourdes pierres. Comme Virginia Woolf, dans *The Hours*. Des images du film viennent la distraire. Quand elle est désespérée, elle se fait du cinéma. Si j'étais prisonnière, pense-t-elle, enfermée dans le silence et la solitude, je me jouerais tous les films que j'ai aimés. Elle se surprend à sourire. C'est « l'heure de l'école », disait-il au temps de leurs premières rencontres, pour mettre fin à leurs rendez-vous clandestins. Il l'attend.

Elle le retrouvera chaque soir. Prendra soin de lui. Continuera à accomplir les menus gestes de la vie quotidienne. Lui préparer les plats qu'il aime puisque manger est une des seules joies qu'il lui reste. Prononcer les tendres mots témoins de l'amour survivant. Supporter sans l'écarter la main qui la crampponne. Mais elle se sent amputée. On dit qu'un membre fantôme persiste à se manifester dans le corps de celui qui l'a perdu et le fait souffrir. Sa souffrance même est encore une présence. Il paraît qu'il existe des remèdes pour effacer ce symptôme. Mais à elle, rien ne lui a été donné pour supporter la perte de sa moitié fantôme.

Lui va s'absenter de plus en plus. Indifférent à ce qui leur arrive, son naufrage, l'effondrement de leur couple. Mais là-bas, au centre, il a ses copains, ses jeux, ses éducatrices pour la mémoire, pour la mobilité, sa psychologue, son orthophoniste. Toute une batterie de gens spécialisés, entraînés pour ce combat sans espoir de victoire. Munis de gommettes et de crayons de couleur, armés de prothèses verbales et d'attention bienveillante, ils sauront brandir à temps le mot qui sauve de l'humiliation, la main qui assure l'équilibre trébuchant, les ciseaux à bout rond pour éviter qu'il ne se blesse.

Elle devrait s'en réjouir.

Elle a envie de hurler : et moi, et moi, et moi ! Elle ne s'y attendait pas. Elle n'est pas prête. Elle est jalouse de tous ceux qui s'occupent de lui là-bas et ne la regardent pas. On l'a seulement mesurée sur l'échelle de Zarit, un test qui évalue « la pénibilité de l'aidant », baptisé aussi Inventaire du Fardeau. Est-ce une maladie trop récente pour qu'on ait eu le temps d'inventer des noms moins sinistres ? Dans notre société où les chiffres sont rois, la détresse a un poids, quantifiable, mesurable. Écrasée par celui de son score catastrophique, elle contemple cette échelle de Jacob qu'elle devrait gravir pour atteindre le ciel improbable de l'estime de soi. Pour se rapprocher d'un certain idéal qu'elle porte en elle. Une image d'elle-même honorable, gratifiante, qui caresserait son ego en lui susurrant qu'elle fait bien, qu'elle est bien, qu'elle est à la hauteur. Le verdict de Zarit est décourageant. Elle aimerait rencontrer d'autres conjoints dans son cas. Il lui semble qu'échanger les mots de leur souffrance pourrait alléger le « fardeau ». Mais il n'y a pas encore de budgets pour les groupes de parole. Le soutien psychologique pour les familles, ce sera pour plus tard, à l'horizon lointain où le fléau paralysera l'efficacité de la société. En attendant, conscients des progrès que vous devez accomplir, débrouillez-vous tout seuls avec votre maigre fiche de résultats. Inventaire à la Prévert, mais sans raton laveur, des embûches de votre vie quotidienne plombée.

Elle se surprend à l'envier, lui, à se reprocher, elle, sa bonne santé, sa lucidité, cette force qu'on lui prête. Elle n'a pas eu de préavis. Une disparition sans prémices ou si peu, si vite. Un tir à bout portant, sans sommation, qui a laissé un vide béant. Quand elle partait pour ses grands voyages, elle lui laissait des croquis, des informations, des adresses pour qu'il puisse continuer sa vie sans elle. Mais lui, il est parti sans laisser de mode d'emploi. Il faut qu'elle accepte désormais que la maladie fasse partie de leur vie, la ronge, la dévore en mettant en pièces un amour qui a demandé tant d'années de soins et d'attentions. Au mieux, on lui donne des adresses, des soupirs, de vagues mots d'encouragement ou de pitié. Ses amis qui l'ont connu brillant se sont détournés, regards gênés quand il se plaisait à répéter un mauvais calembour. Au début, ils volaient à son secours quand le mot lui manquait. Puis ils ont pris peur. Quel miroir déformant s'amuse-t-il à leur tendre ? Ils ne supportent pas, disent-ils, de le voir devenir ainsi. Un cancer, avouent-ils, c'est terrible, mais au moins on connaît, on croit savoir. On soigne, on tente tous les traitements, on garde espoir. Mais « ça », ça fait peur. Il n'existe pas de remèdes. Ce malade nous entraîne dans un mystère terrifiant. Si des promesses apparaissent, elles sont timides et vagues. Ce dont on est certain, c'est qu'on n'en guérit pas. Et si c'était contagieux ? Cette maladie c'est le sida d'aujourd'hui. On n'ose la nommer, on évite le contact. Pas de préservatif ni de vaccin pour se protéger de la rencontre avec un cerveau malade. Alors à tout hasard on prend la fuite. Ses distances. Dérisoire protection contre un mal qui nous terrorise. Se rendent-ils compte qu'en même temps ils l'abandonnent elle aussi ? On lui a souvent envié ce mari merveilleux. Serait-ce une punition du ciel ? Un retournement du destin ? Une malédiction qui pèse sur toute la famille, la plombe, l'enveloppe avant l'heure dans les voiles du deuil.

D'abord il a perdu les mots. Lui, le poète qui les a tant aimés. À chaque livre qu'elle ouvre, même pour chercher une recette de cuisine, elle trouve ses petits poèmes écrits pour elle. « L'encre des billets doux pâlit vite entre les feuillets des livres de cuisine », chante Brassens. Non, pas les siens, l'écriture est nerveuse, serrée, les mots caressants. Il écrivait des acrostiches, six lignes, chacune débutant par une lettre de son prénom à elle. Aujourd'hui, c'est son prénom à elle qu'il peut encore tracer sans hésiter, six lettres dessinées avec l'application de ce qu'il peut encore exprimer de son amour pour elle.

Pour tenter de percer son mystère, elle reprend son dernier recueil *Miroirs d'images*, à la recherche d'indices annonciateurs. Elle en relit mille fois l'ouverture :

> *l'heure est enfin venue*
> *d'arracher à l'oubli*
> *une fricassée de brindilles*

se perd en interprétations, supputations.

> *je pousse l'une après l'autre des portes*
> *je franchis les frontières*
> *qui ne se refermeront plus jamais*

Est-il possible qu'il ait pressenti son imminent passage de frontière vers l'oubli ? Son sixième sens de poète lui aurait-il permis d'entrapercevoir les attaques de la maladie ? Mais pourquoi n'a-t-il pas tiré la sonnette d'alarme ? Pas une seule fois il ne s'est plaint d'un trouble, n'a manifesté une angoisse. Pour la protéger, elle ? Ou pour se murer, lui, dans un déni absolu ? Sans réponse, comme un limier pour trouver des indices, des pistes, une brèche par laquelle il aurait laissé deviner, une peur, un doute, elle traque ses mots. Il s'en jouait si bien. On aimait sa facilité, son brio, on faisait appel à lui comme on ouvre un dictionnaire.

Désormais elle n'en finit pas de découvrir chez lui une forme maligne de maltraitance du langage. Elle apprend à déchiffrer une langue nouvelle. Il a commencé par fumer des « cigales », allumer le « téléphone » pour regarder le journal télévisé, répondre aux appels avec son « appareil photo », enfiler un « livre » quand il a froid, écrire avec un « couteau », regarder « l'euro » à sa montre. Peu à peu il a eu besoin d'une phrase entière pour désigner le moindre objet. Il s'est battu longtemps, dans une lutte inégale et pathétique, avec ce grignotage de la mémoire. Il voulait de toutes ses dernières forces tenter de donner le change.

Il travestit son état. Parfois lui échappe un regard suppliant, une demande timide et angoissée : « Dis-moi, toi, tu sais. » Mais le plus souvent c'est un haussement d'épaules : « Bof, j'ai oublié, tant pis. » Il dissimule sa peur ? Ou est-il vraiment et bienheureusement inconscient de ce qui lui arrive ?

Il a rusé, fait semblant, récupéré des lambeaux de sonorités assemblées dans un édifice chancelant. Puis c'est devenu trop difficile. Alors, peu à peu, il s'est tu. Un après-midi de douceur printanière, tandis qu'ils savouraient assis sur un banc du square un infime moment volé à l'angoisse, une jeune fille s'est approchée. Elle voulait juste une phrase et une photo, pour un exercice d'étudiante en cinéma sur « la beauté du geste ». Le monsieur lui plaisait. Elle lui a demandé une réaction spontanée sur ce thème. Une panique tout juste perceptible par celle qui le connaît bien l'a fait frémir. Mais gentiment il lui a répondu : « Je ne peux pas, je suis fermé. » Oui, pour une fois c'était le mot juste. Il s'est refermé sur un silence secret. Attentif à ce qui est devenu le plus important pour lui, bien manger, bien dormir.

Il ne sait plus tailler ses rosiers. Chaque acte de la vie quotidienne est une entreprise accompagnée de l'interrogation angoissée : « Je ne sais pas si je vais y arriver... je vais essayer... » Il ne s'intéresse plus aux plantes. Ne connaît plus les saisons. Il a toujours froid. Il se plaisait à lui citer le poème que Paul Éluard a écrit pour la mort de Nush, son épouse bien-aimée : « J'étais si près de toi que j'ai froid près des autres. » Elle et les autres sont-ils tous morts en lui pour qu'il soit ainsi entré sans eux dans son hiver ?

On le trouve en bonne forme. Aucun de ces ennuis qui se profilent avec l'âge, cholestérol, diabète, prostate. Un corps de jeune homme, dit bêtement le médecin qui se veut positif. Une douleur passagère ne persiste pas puisqu'elle est oubliée dès l'instant suivant. Rien ne s'inscrit, rien ne dure. Il dit qu'il est heureux. Il a sorti les encombrants. La culpabilité pour ce qu'on a mal fait, les remords de ce qu'on n'a pas fait, les regrets de ce qu'on ne pourra plus faire. Les moments douloureux, les échecs, le souci du jour à venir, de l'échéance ultime. Tout a disparu dans le flux de ce grand nettoyage qui a aussi emporté les autres, les beaux souvenirs, le partage des émotions, le nom des amis. Alors il est léger, svelte comme un elfe, créature des contes qui pèse si peu sur la terre. Tout son poids s'est déplacé chez elle. Plus il s'allège, plus elle se sent lourde.

Alourdie de la même question. Pourquoi cette maladie ? Que renferment ses armoires secrètes définitivement verrouillées ? Quelle blessure ? Quel souvenir si douloureux que le prix à payer pour l'oubli en soit son propre effacement ? À elle aussi des phrases entières viennent à manquer. Elle n'arrive pas à dire. Elle a honte du mot, peur de l'abîme qu'il va ouvrir dans le vif de sa vie. Elle balbutie : « L'homme de ma vie a… Mon mari a contracté… Alzheimer, mon amour. »

Terreur de ce gouffre qui va l'engloutir, dans lequel il va l'entraîner. Pour résister, il faudrait couper quelque chose. Cette corde invisible, tissée solide par trente années d'un amour qu'ils avaient cru invulnérable. Une corde qui les enchaîne comme des alpinistes escaladant la face nord de l'Everest avec l'enthousiasme de deux débutants. Elle revoit encore et encore *Dolls*, ce film japonais de Takeshi Kitano, où deux amants errants avancent dans la neige, reliés par un fil de laine rouge. Ils étaient fiancés, amoureux. Le poids de la société et de la famille pousse le jeune homme à accepter d'épouser à sa place la fille de son patron. Le jour des noces, sa fiancée abandonnée fait une tentative de suicide. Seul son corps reviendra de l'autre monde qu'elle a côtoyé de si près, où son esprit s'est perdu. Il abandonne tout, beau mariage, belle situation, pour se consacrer entièrement à celle qu'il a trahie. Elle se sauve sans cesse et se perd. Il la ceinture de laine rouge et attache l'extrémité à son poignet. Pour lui dire qu'il ne la quittera plus. Ainsi liés, ils déambulent sous les quolibets des enfants dans les parcs rougis par l'automne, dans les montagnes enneigées, jusqu'à la crevasse qui les engloutit. Ils survivront dans la légende en marionnettes du théâtre traditionnel Nô.

Elle sent qu'elle aussi bascule avec lui. Que va-t-elle faire de ce cordon ? La tentation est forte de le garder et de sombrer avec lui. Mais où ? Elle n'a pas sa place dans le monde qui l'accueille. Alors, trancher le lien ? Comment ? Existe-t-il sur notre Terre un instrument suffisamment affûté pour y parvenir ? Une main assez sûre pour le guider ? Sans cesse elle fait à rebours le parcours du combattant qui les a conduits jusqu'à ce couloir et cette porte qui s'est refermée sur lui.

D'abord le médecin de famille, bougon, jovial, rassurant et ironique : « Foutez-lui la paix, il a bien gagné le droit d'être distrait. » Oui, mais après l'accident de voiture, elle se révolte. Il est gêné, « ce doit être le cœur ». Et en avant pour trois semaines d'effort contrôlé, doppler, enregistrements, boîtes noires ficelées sur son torse. Qui ne révèlent rien. Si ce n'est une aggravation de son indifférence. Il accepte tous les examens sans broncher et attend sans inquiétude apparente. Il s'en sort avec un sachet quotidien d'aspirine allégée. Son cœur va bien, il le sait. Pour le prouver, il court, il grimpe les escaliers sans essoufflement. Souvent, en revanche, il tombe. Bleus et bosses, peur et affolement. Chutes brutales toujours inexplicables puisque le moteur nommé cœur s'obstine à ne pas avoir de ratés. Il refuse qu'on lui tende la main, inutile d'appeler les pompiers, l'ambulance. Les urgences, c'est tous les jours à domicile. Il se relève avec un air d'enfant pris en faute : « J'ai glissé, ce n'est rien. » Mais vers quoi est-il en train de glisser ?

Il fume depuis cinquante ans. On l'admoneste, on l'enjoint d'arrêter, tout de suite, en urgence, sans préparation, sans appui autre qu'une menace. Haro sur le tabac. On ne sait toujours pas ce dont il souffre mais on tient le coupable. Elle doit se comporter en épouse responsable et coopérante, faire la chasse aux cigarettes. Une guerre sans merci doit être déclarée. Entre eux ? Doit-elle le priver de l'ultime plaisir qui lui reste ? Mais la conduite, le risque qu'il fait courir aux autres ? Personne ne s'en inquiète. Aucune autorité compétente ne lui interdit de prendre le volant. Elle tremble au souvenir de ce « moment de distraction » qui les a envoyés sur une petite route de campagne à folle allure dans les vignes. S'il y avait eu un vélo, un enfant, une autre voiture ? Faut-il attendre l'irréparable pour intervenir ? Elle prend soin de ne pas l'humilier. Elle apprend à débrancher une cosse de batterie lorsqu'elle s'absente. Elle enfouit dans son sac son stylo, ses clés et une clé de 9. Neuf millimètres de diamètre aux deux bouts. Douze centimètres d'acier, un talisman contre la peur.

On commence enfin à parler d'examens neurologiques. Toute la technologie de pointe au service des angoisses. Le scanner est aussi muet que le médecin. Un cerveau net sans la moindre cicatrice qui pourrait les mettre sur la piste de ses défaillances. On passe à l'IRM. Les réponses sont vagues. « Vous savez, à partir de soixante ans, il est normal que les bords du cerveau soient un peu gélatineux… On note du vide à certains endroits… » Docteur, est-ce dans ce vide que se réfugient les mots oubliés ? Un trou noir comme celui qui explique la disparition des étoiles ? « Les résultats du cliché sont insuffisants pour poser un diagnostic clair… »

La première visite chez le neurologue. Munis de ses tranches de cerveau en noir et blanc sur papier glacé, le cœur battant rempli de crainte et d'espoir insensé. Quartier chic, honoraires assortis et instants de cauchemar. Le regard insidieux, intrusif, l'interrogatoire destiné à valider la bonne épouse attentive, la future collabo qui va l'aider à traquer la cigarette de trop responsable de tous les maux. Et puis la question : « Depuis quand avez-vous remarqué... pouvez-vous dater l'apparition... évoquer un incident significatif ? »

Elle, rougissante, baissant la tête comme une écolière prise en faute, en flagrant délit de mensonge cachottier : « Non, rien de précis, vraiment, docteur, je ne sais pas. »

Mais si, elle sait. Depuis trente ans, chaque matin il lui préparait son thé. Celui de la boîte rouge décorée d'un Ganesh, le dieu indien à tête d'éléphant, protecteur des voyageurs qui s'aventurent en pays inconnu et des écrivains, avec sa défense brisée qui lui servit de plume pour écrire *Le Mahâbhârata*. Thé vert, quatre doses de gingembre, trois clous de girofle, deux bâtons de cannelle, quelques cosses de cardamome, des grains de poivre noir. Son mélange à elle, souvenir de ses voyages en Inde. Parmi les boîtes de thé pour les différents moments de la journée, dans le petit meuble en bois blanc grillagé rempli d'épices, il ne se trompait jamais. Chaque matin, il dosait, ébouillantait la théière et l'appelait pour partager cet instant unique. Mais ce matin-là, il est arrivé près d'elle hagard et désespéré, portant toutes les boîtes dans ses bras : « C'est lequel, je ne sais plus ? »

Lors des catastrophes aériennes, on recherche désespérément les boîtes noires qui vont fournir des indices, cris, graphiques.

Toutes ces traces lisibles par les spécialistes du décodage. Elles contiennent tout ce qui peut expliquer les circonstances de l'accident et ainsi autoriser à trancher les responsabilités, trouver les coupables, juger. Autant de révélations qui permettent aux familles de commencer « le travail du deuil ».

Pour elle, c'est une boîte rouge, la boîte de Pandore, qui a libéré en même temps que ses senteurs exotiques l'angoisse d'un avenir inconnu et innommable. Ce matin-là, elle a « su ». L'intuition fulgurante que rien ne sera jamais plus comme avant. Déchirure entrevue vite pansée de déni et de refus. Mais comment le raconter à cet homme « de science » juché sur des sommets de certitudes et de préjugés ? Il serait indécent de déposer Ganesh sur ce bureau Louis XVI au faux luxe désuet. Alors elle se tait et range pour plus tard « l'incident significatif ».

Puis les tests, brutaux, humiliants, mitraillage de questions simples qui le désarçonnent. Des chiffres à l'endroit, à l'envers, des dates, vite, des noms, des répétitions, sans avertissement, sans préparation. On prend plus de précautions avec un malade pour une prise de sang. Ici on pénètre en force dans le cerveau brouillé, dans la sensibilité à fleur de peau. La froideur du praticien est plus coupante que le scalpel. Et l'horreur du discours. « C'est de votre faute si vous êtes ainsi... Vous fumez trop, vous ne faites rien, vous n'apprenez plus... Vous pouvez encore y remédier, vous pouvez réparer si vous vous forcez à apprendre par cœur chaque jour, des fables, par exemple. » Malheureux M. de La Fontaine ! Pouvait-il se douter que ses fables deviendraient l'ultime traitement, le refuge des neurologues impuissants contre la maladie dévastatrice ? Certes, la gym du cerveau, l'entraînement de la mémoire comme un muscle, c'est excellent. Avant qu'il ne soit trop tard. Au temps où les slogans publicitaires étaient percutants, une crème de beauté annonçait : « C'est à vingt ans qu'il faut penser aux rides, pour les éviter. » Peut-être faut-il faire de même avec notre cerveau et ne jamais plus ranger nos livres de fables avec les souvenirs d'école. Ne jamais cesser de réciter *La Cigale et la Fourmi*, *Le Loup et l'Agneau*, *Le Lièvre et la Tortue*... pour conjurer la maladie d'Alzheimer ?

Des examens neurologiques qui ne disent rien, un neurologue qui en dit trop, et pas assez. Qui surtout assène des phrases aussi humiliantes qu'absurdes. Monsieur le neurologue vous avez fait un contresens. Non, les neurones détériorés ne se réparent pas, même avec une overdose de fables et de mots croisés. Dans le train qui les conduisait de Neuilly, l'Hôpital américain où il a passé les examens neurologiques, à Versailles pour ce rendez-vous fatidique, elle lui avait juré que rien n'avait d'importance. Un morceau de cerveau en moins, une tumeur ? Elle serait toujours là auprès de lui, aimante et attentive pour soigner, compenser, assurer le reste de leur vie. Mais voilà que vous l'avez accusé, rendu responsable de sa maladie. Du coup elle oublie ses serments et bouillonne de fureur. Contre lui, le fauteur de ses propres troubles. Docteur, vous ne l'avez pas aidée. Vous avez failli au serment d'Hippocrate. À votre décharge, avait-il prévu, le grand homme, qu'un jour l'entourage aurait autant besoin de soins que le malade ?

Lui repart de la consultation en niant tout. Il n'arrêtera pas de fumer, il ne passera pas l'examen quotidien des textes à réciter. Il sort son paquet de cigarettes et vite en allume une, la porte à peine refermée. Provocation ou angoisse ? Elle, à cause de ces accusations, va entrer dans le temps de la colère, qui s'infiltre en elle comme une inondation sournoise puis explosive. Phase nécessaire du deuil, dit-on. Mais il est encore là et subit sa colère. L'amour, la tendresse, la compassion se mêlent à sa violence. Rage de détresse. Elle ne le supporte plus, c'est de sa faute, il est responsable, le médecin l'a dit. Elle a envie de le battre, de le prendre dans ses bras, de le protéger, de le tuer. Dix mois de lutte avec ses démons vont s'engager. Sa traversée de l'enfer. Elle combat, il s'absente. Elle pleure, il la regarde, étonné.

Quand on n'est plus capable d'inventer un monde meilleur on le détruit, dit un historien à propos des prédictions de fin du monde qui pullulent régulièrement. Là, c'est de la fin de son monde, de leur monde, qu'il s'agit. Alors pourquoi s'encombrer de ces milliers de livres qu'il ne lira plus ? Tous ces livres conservés pieusement depuis leurs études. Ils aimaient le mur tendu de rouge avec ses étagères bourrées jusqu'au plafond. De temps en temps ils essayaient de trier ceux dont ils accepteraient de se défaire. Chacun de son côté explorait les rayonnages et au bout de deux heures ils comptaient leurs maigres prises en constatant qu'ils ne pouvaient s'en séparer.

Pourquoi conserver ces tableaux qui couvrent les murs. Amateur de peinture, il soutenait ses amis artistes, était fier de s'entourer de leurs œuvres qu'aujourd'hui il ne regarde plus. Pourquoi garder ces meubles contre lesquels il se cogne ? Besoin de destruction ou ultime démarche sacrificielle qui lui laisse, dans un repli secret, espérer qu'en se défaisant de ce qu'ils ont choisi et aimé ensemble, elle pourrait encore le sauver ? Elle liquide tout. Elle fait des listes, vend, donne, jette. Comme le pilote d'une montgolfière en perdition, elle déleste. Chaque objet qui s'en va l'allège. Pas d'attachement aux choses pour l'enchaîner au sol. Se défaire de tout pour monter, monter vers un ciel dégagé. Sa colère se dissout dans cette immense braderie. Désormais ils seront nomades, la main dans la main comme les amants du film de Kitano.

Cependant elle s'entête à vouloir encore leur inventer un monde meilleur. Elle a brisé le cadre qu'il a déjà oublié, mais déjà elle s'acharne à trouver un petit bout de terre à eux. Partir, l'emmener au grand air, marcher au bord de la mer. Et pendant des mois, ils vont errer sur le sable, les pieds dans l'eau, dans les rochers. Ils sont seuls, esseulés dans un choix que personne ne comprend.

Il dit qu'il est heureux. Elle plonge dans les vagues glacées. Sa douleur intérieure lui fait une carapace. Sa peau rougit, elle ne sent pas la morsure du froid. La lutte avec les éléments apaise sa fureur. Elle marche des heures, déchirée par la beauté du lieu et le désespoir de ne pouvoir la partager avec lui.

Il tombe de plus en plus souvent, n'importe où, n'importe quand. De toute sa hauteur comme un arbre abattu. Un miracle qu'il ne se casse rien. C'est toujours la tête qui prend les coups comme si, pesant trop lourd, elle l'entraînait inexorablement vers le sol. Du sang, des bleus, des bosses. Ils ne sortent plus sans l'arnica, l'Hémoclar, la Bétadine. Elle panse mais elle est impuissante à colmater la brèche qui s'agrandit entre le monde ordinaire et la bulle dans laquelle ils s'enferment. Il ne dit plus : « J'ai glissé », mais il accuse les voix qu'il entend dans sa tête. « On dit du mal de lui » et il tombe. Le temps des hallucinations commence. Ces voix le réveillent la nuit. Toujours le même cauchemar qui le fait gémir.

Il est dans une grande pièce, bondée, il doit prendre la parole, on l'interrompt, on se moque de lui. Elle le voit voler en éclats. Pensée cassée. Déconfiture mentale. Suicide psychique pour échapper à une souffrance non identifiée ? De quelles profondeurs ces peurs secrètes ensevelies sous des strates d'équilibre apparent émergent-elles ? Ces peurs qui profitent de la nuit pour ressurgir et le terroriser ? Son besoin de le comprendre l'emporte sur sa détresse face à ce désastre.

Elle se met en quête de nouvelles pistes. De même qu'elle a traqué ses mots, elle commence à sonder son histoire. Quels combats secrets a menés cet élève brillant, premier partout, bon en tout ? Fils de paysan bûcheron, admiré et envié, sa thèse publiée par un éditeur renommé, la voie royale pour une carrière universitaire. Elle se demande s'il ne s'est pas trompé de porte d'entrée dans sa vie d'adulte.

Lui, le poète, qui aurait pu dire comme Antonin Artaud : « Je suis un grand poète et c'est tout. » Lui qui pendant ses années de thèse a étudié et fréquenté les poètes contemporains. Adoubé par les plus grands, il collectionne pieusement les courriers échangés, leurs éloges, leurs encouragements pour ses premiers essais, en même temps qu'il revendique ses choix, ses bifurcations comme autant de décisions assumées. Il a pris *Le Parti de l'entreprise*[1], l'économie plutôt que la poésie. La compétition, le pouvoir, l'affirmation de soi, le stress excitant.

Dans la voie qu'il s'est choisie, il a réussi, selon les critères en vogue. Il a traversé brillamment les Trente Glorieuses, surmonté sans effort apparent les crises successives. Toujours recherché,

---
1. Titre de son premier livre coécrit avec un responsable patronal.

apprécié. De grandes entreprises ont fait appel à lui pour améliorer les relations internes, la communication entre les différents acteurs du système. Il a introduit dans cet univers des ateliers philosophiques, des éclairages culturels, la pensée des grands auteurs. Dans ce milieu, comme ailleurs, il ne s'accordait aucun droit à l'échec. Cette tension permanente pour être à la pointe de lui-même l'aurait-elle épuisé ? Dispendieux de son capital d'énergie, insouciant de l'avenir de sa personne au profit de son personnage. Seuls ses cauchemars et ses hallucinations semblent témoigner aujourd'hui des peurs qu'il n'a jamais avouées. Camouflées par la fumée de ses cigarettes. Mais sans doute, tapie au fond de lui, la terreur du fiasco.

De nouveau, elle se heurte à son mystère. Jamais il n'a laissé échapper un regret, une nostalgie, un reproche. Il lui aurait donc tout caché, à elle qu'il prétendait tant aimer. La colère la reprend. Elle cherche à entrer par effraction dans son désir d'oubli, tout en sentant confusément qu'elle le blesse. Elle a besoin de violer, de creuser des galeries de lumière dans sa nuit compacte pour trouver un début d'explication, une mince empreinte qui lui permettrait de remonter vers l'origine du mal. Cette quête inutile lui semble le dernier recours pour maintenir un lien entre eux. À tort, puisqu'elle n'avance pas en connaissance, ni ne progresse en sagesse.

Leurs violences s'affrontent. Chez lui, la passivité massive, impénétrable, la force de l'effacement. Chez elle, la frustration de l'impuissance, le déni d'abandon, le sentiment de trahison.

Le jeune médecin du village s'inquiète. Pour elle. Cette vie qui ne lui ressemble pas. Pas d'amis, pas d'activité autre qu'une survie quotidienne et sans espoir. Il finit par la convaincre de consulter, pour se faire aider. Elle accepte, soulagée à la perspective de pouvoir enfin dire l'indicible. Sa colère, son désir de mort, ses obsessions de meurtre, de suicide. Elle attend un regard, une parole qui soulage. Elle quête un soutien et, à défaut d'une approbation, une critique constructive. Une béquille de mots pour continuer à avancer. Elle reçoit en pleine face une phrase fracassante, lancée d'un ton froid et impatient derrière une crinière rousse de cheveux en bataille : « Je ne suis pas là pour vous juger mais pour vous donner des médicaments. » À l'appui, une liste impressionnante de pilules, cachets, gélules de toutes les couleurs. Le pharmacien qui lui délivre cette thérapie « médica-menteuse » la regarde avec compassion et lui recommande de s'y précipiter dès que pointe l'angoisse. Elle promet d'être docile. Elle suit l'ordonnance. Le réveil du lendemain est cotonneux, douloureux aussi. Elle ne sait plus qui elle est ni où elle est. Dans un sursaut salutaire, elle jette tout à la poubelle. Elle refuse de faire comme lui, se réfugier dans la fuite, dans l'oubli, fût-il chimique et soi-disant provisoire. Elle préfère affronter sa souffrance. Et reprend ses marches forcenées, ses bains glacés. Au moins elle se sent vivante.

Lui aussi. Il dit : « Je veux vivre encore. » Elle ne pourra pas tenir son engagement. Celui qu'on prend quand on est bien portant. Ces certitudes définitives qu'on affiche quand on est lucide : « Je ne supporterai pas une longue maladie, je trouverai bien le moyen de faire ce qu'il faut pour l'abréger. Tu m'aideras. » Il avait demandé, elle avait promis. Mais ils n'avaient ni l'un ni l'autre envisagé la misérable éventualité d'une débâcle de l'intelligence. Ils évoquaient sans trop y croire le cancer dévastateur, l'accident vasculaire cérébral qui laisse paralysé mais conscient. Au plus profond d'eux-mêmes, une certaine perception de leur vie exigeait que rien de terrible ne puisse leur arriver, jamais. L'amour leur avait toujours semblé une immunité suffisante contre les mauvais tours du destin. À aucun moment ils n'avaient même effleuré le terrible oubli qui efface les souvenirs et anéantit les promesses. En aucun cas ils n'auraient osé prononcer le nom de la maladie qui dévore ses neurones. Aujourd'hui, il lui répète : « Tu m'aides à vivre », comme si restait lovée quelque part en lui une ultime et pathétique volonté d'abolir la funeste tentation. Heureux celui qui a tout oublié et demeure les yeux dans les nuages et le corps en apesanteur.

Pour elle toutes les décisions. Ce qu'elle devrait faire, ce qu'elle ne doit plus faire. À travers son chaos intérieur une évidence commence à s'imposer. Elle est depuis trop longtemps arrivée au bout du chemin qu'elle peut accomplir seule avec lui. Sans doute s'est-elle montrée présomptueuse. Elle avait toujours voulu ressembler à la Nora d'Ibsen dans sa *Maison de poupée*, vouloir penser par soi-même. Et agir aussi. Elle aurait dû harceler les médecins, assiéger les hôpitaux au lieu de dresser ce précaire bivouac de naufragés réfugiés sur une plage. Assez joué les Robinson. Il est temps de couper l'élastique attaché à sa mémoire qui la ramène constamment au passé pour l'envoyer se fracasser contre le mur de l'inexplicable. À défaut de pouvoir envisager un avenir, il est urgent de faire l'état des lieux, d'aujourd'hui. Le moment est venu de le présenter à la science, d'exhiber ce spécimen d'homme décervelé, ce corps vigoureux déserté par l'esprit. Exiger qu'on isole et extirpe cette molécule de l'oubli qui le corrode inexorablement, car il n'est pas possible qu'il ait tout fabriqué lui-même.

Adieu leurs couchers de soleil, les tempêtes aux vagues immenses qui se brisaient contre les vitres, adieu les grandes marées qui leur offraient de nouveaux voyages au milieu des rochers. Elle organise le retour à la ville, planifie les rencontres utiles, neurologue, orthophoniste, centre d'accueil spécialisé. Encore une tentative de survie ? se demande-t-elle. Et pourquoi pas, si elle leur permet de continuer encore un peu ensemble, de ne pas abdiquer tout de suite avant d'avoir essayé autre chose. Tenté l'impossible, ou le diable.

Est-ce sa plus récente incarnation, cette seconde neurologue recommandée par une institution bien informée ? Celle qu'il a traitée de « sorcière ». C'était son ressenti, elle n'y peut rien. Juste écouter attentivement cette femme autoritaire et compétente assener le fatal verdict. Une condamnation définitive et sans appel, bilan clinique à l'appui. Elle s'adresse à elle, sans jamais le regarder, lui, comme s'il était devenu une espèce particulière qui n'a plus droit au statut d'humain. Elle décrit une forme aggravée, quasi orpheline, de la maladie, qui porte un nom, la maladie à corps de Lewy. Elle n'atteint pas les mêmes zones du cerveau que la maladie d'Alzheimer. Si elle entraîne les mêmes symptômes, l'oubli et la désorientation, c'est elle qui, en outre, provoquerait les pertes de conscience et les chutes. Le pronostic d'évolution est pire, vers une paralysie générale, atrophie des muscles et inconscience totale. Mais incertain sur l'échéance. Combien de temps lui est encore accordé pour cette autonomie de mouvement qui lui est si chère ? Trois mois, un an, dix ans ? Nul ne peut se prononcer. À l'appréhension des chutes s'ajoute l'angoisse nouvelle que ce soit la dernière, celle dont il ne se relèvera pas. Celle qui le condamnera à gésir sur un lit d'hôpital jusqu'à ce que mort s'ensuive.

Elle met en chauffe tous les moteurs de recherche. Au secours, Google. C'est quoi cette maladie ? Elle ne sait même pas comment l'écrire. Elle n'a pas osé demander plus d'explications. Terrassée par l'énoncé de la sentence, intimidée par l'autorité médicale implacable. On se sent tellement idiot face au détenteur d'une vérité qui nous échappe et nous terrifie.

Ils étaient repartis de la consultation avec une énorme angoisse et une toute petite ordonnance qui paraît tellement minable au regard d'un si grand désastre. Un comprimé matin et soir pour éviter les crises, dites comitiales, responsables des chutes.

Heureusement aujourd'hui nous avons Internet pour répondre aux questions que nous n'osons pas poser. « Démence », le premier mot qui lui saute au visage. Et qui réveille les peurs ancestrales, évoque l'asile, la camisole de force, les peintures de Jérôme Bosch. Un mot qu'on associe à la violence, aux cris, à la résurgence de l'inhumaine bestialité dans l'homme privé de sa raison. Elle le regarde, lui, si doux, si tranquille, si affectueux. Impossible d'apposer ces images terrifiantes à l'homme qu'elle tient dans ses bras. Courageusement elle se fraie un chemin dans la jungle des hypothèses, d'un article à l'autre, souvent discordantes, contradictoires. Elle fait connaissance de ce « docteur Alzheimer » qui, depuis le début du XXe siècle, survit tristement dans l'histoire médicale, et elle plaint ses descendants. Ont-ils changé de patronyme ? Plus elle avance dans ses lectures, plus elle constate qu'on ne sait rien de cette maladie. La seule certitude définitive sera apportée, trop tard, par l'autopsie du cerveau malade. La seule manière de l'approcher aujourd'hui, c'est en décortiquant les comportements. Leur vie quotidienne devient un catalogue de symptômes.

Elle trouve des articles dont les auteurs, se voulant plus imaginatifs ou distrayants, tentent de représenter le monde dans lequel vivent ces malades. Ils les voient projetés sur une planète inconnue dépourvue de tous nos repères habituels. Pleins d'empathie, les auteurs en concluent que dans ce cas ils seraient tout aussi perdus qu'eux. Faux, dit-elle, en pensant à Stefan Zweig et son *Joueur d'échecs* qui a survécu à un enfermement accompagné d'une privation sensorielle totale en simulant des parties d'échecs. Tant que notre cerveau est intact, nous avons la capacité de développer des adaptations imprévues et surprenantes à un nouveau milieu, même hostile.

Et lui, à quoi joue-t-il ? se demande-t-elle en le regardant errer à travers le simulacre de vie qu'elle tente de maintenir. Elle poursuit ses recherches, mais elle n'est pas de la génération de ceux qui se contentent de dialoguer avec un écran d'ordinateur. Il lui manque la parole vivante. Elle aimerait se poser sur un banc d'école, sur les gradins d'un amphithéâtre, prendre des notes, redevenir pour un moment l'élève studieuse qu'elle sait être. Écouter un professeur percerait une brèche dans le mur d'angoisse qui l'oppresse en permanence, ouvrirait un espace de respiration dans ce couple fusionnel qu'ils sont devenus et qui l'étouffe. Il lui faut sortir de cette toile d'araignée qui l'emprisonne.

Une brochure sur la Cité des sciences à La Villette parle de consultations ouvertes au public, de la possibilité de rencontrer des médecins prêts à répondre à toutes les questions de santé.

Exactement ce qu'elle cherche. Accompagnée d'une amie, elle va enfin pouvoir entendre de l'inédit, du vrai, du vécu.

C'est un dimanche après-midi plutôt calme. Elles dérangent de sa sieste un médecin bénévole qui justifie ici par quelques heures de présence son existence de retraité. Elle décline sa nouvelle identité, « démence à corps de Lewy ». Réveillé par ce bruit barbare, il sursaute. « C'est quoi ? Vous pouvez me l'écrire sur un morceau de papier ?

— Moi non plus, dit-elle gentiment, je ne sais même pas si ça prend un *v* ou un *w*, un *y* ou un *i*. »

L'expert s'échappe vers les rayonnages et au bout d'un temps interminable revient, portant comme un trophée un énorme bouquin à la couverture sinistre et défraîchie. C'est comme si la personne à qui le voyageur égaré demande sa route lui tendait un GPS dont il ne sait même pas se servir. Merci docteur, pour ce qui est de lire, je peux faire toute seule. Heureusement, l'amie présente peut témoigner de la scène, sinon on la croirait contaminée.

Elles vont rire de cet incident, pour ne pas pleurer. Depuis le début, elle enchaîne les rencontres absurdes. Elle a l'impression de ne croiser que des chapeliers fous, des reines sans royaume et des lapins en frac secouant une montre détraquée. Cette maladie aurait-elle pour effet secondaire d'aliéner tous ceux qui s'en approchent ?

Elle se sent condamnée à errer seule dans cet enfer inconnu. Elle reprend le fil de laine rouge, le noue autour de leurs poignets. Comme les amants japonais, elle va inventer leur théâtre, leur légende, leur vie.

Deuxième Partie

2008 – 2009

Les larmes du bois

Jamais je n'entreprendrai de guerre que je n'aie essayé tous les arts et moyens de paix.
Rabelais

> *Votre cerveau n'a pas fini de vous étonner.*
> **Nouvelles Clés, n° 61**

J'AI DÉCIDÉ DE LE TUER.

Comment dit-on dans les polars de gare ? Crime, meurtre ? Et dans le jargon des juristes ? Assassinat, puisqu'il y a préméditation, homicide volontaire ? Quels mots terrifiants vont être épinglés à ce que j'appelle, moi, « un vrai crime d'amour » ? Sans brutalité, sans violence. Comme les mères indiennes submergées d'enfants qui viennent de mettre au monde une fille de trop, un poids, une charge, une honte pour la famille, je veux « le faire s'endormir ». Mais moi je le ferai doucement, tendrement, dans mes bras. Non pas que je ne puisse plus le supporter. Non pas que je craque en entendant pour la centième fois, à propos du plus petit geste de la vie quotidienne, « je peux, je peux, je pourrais ? », répété sur un ton plaintif, à peine audible, avec un zézaiement d'enfant qui a peur d'être pris en faute ou qui doute de sa capacité à accomplir jusqu'au bout la tâche qu'il a entreprise. Non pas que j'aie envie de hurler à l'injustice lorsque, au moindre signe d'agacement, il se plaint : « Tu me parles toujours mal. » Ce « toujours », un poignard de reproche qui creuse à chaque fois plus profond mon impuissance, mon incapacité à n'être qu'amour, tendresse, patience infinie. Non pas que je souffre encore du regard des autres, de leur apitoiement. Non pas que je plaigne mes épaules douloureuses à force de tenir sa main serrée pour continuer à avancer ensemble, ni ma nuque bloquée par la bagarre de la toilette : « Non pas ça, tu me fais mal… » Il pèse mais je ne sens pas son poids. Je suis comme l'enfant à qui l'on demandait si le frère malade qu'il portait sur son dos pesait lourd et qui répondait : « Il ne pèse rien, c'est mon frère. » J'aime ma fatigue et plus j'aime cet épuisement qui me vient de lui, plus j'ai l'impression de l'aimer, lui. Plus il s'accroche à moi, plus je ressens ma densité. Son besoin de moi me fait exister. Et pourtant il faut que tout cela cesse.

Je ne demanderai pas d'avocat. Je suis indéfendable. Je dois assumer seule la responsabilité de cette décision que je prends lucidement. Je ne requiers aucune justification qui viendrait alléger ma peine, aucune excuse susceptible d'adoucir le verdict. Je n'irai pas chercher le refuge d'arguments protecteurs en invoquant l'euthanasie. Il me semble tellement présomptueux de s'arroger le droit d'administrer une « belle mort » à quelqu'un qui n'a rien demandé. Je lui ferai boire doucement un ultime élixir d'oubli et le reste de mes jours je me reposerai de ces trois années d'errance et d'illusions. De ma folle utopie.

Nous avons partagé trente ans de vie commune. Une telle intimité de pensée et de sentiments avait entretenu le mirage d'un paysage familier. J'étais certaine que je savais tout de lui, que rien ne m'avait échappé de ses moindres frémissements. Et voilà que je ne le reconnaissais pas, il s'échappait, s'enfuyait et se réfugiait dans des espaces inaccessibles. Un puzzle éclaté. Une géographie inconnue. Des pièces manquantes, des morceaux non identifiés impossibles à placer ou à déplacer.

J'avais la conviction, confirmée plus tard par certains professionnels, que cette maladie était la rançon de secrets trop bien gardés. Je refusais de me heurter à son mystère sans rien tenter pour le percer et de cohabiter avec lui dans l'ignorance. Alors j'ai entrepris de revisiter son histoire. Ses récits d'une enfance idyllique que je lui avais enviée. La belle ferme jurassienne au grand toit de bardeaux plantée au milieu des bois et des prés, sur le versant suisse, ensoleillé. Sa fierté d'un père exemplaire, fermier l'été, bûcheron l'hiver, et l'amour inconditionnel de sa mère. Des parents aimants, admiratifs de ses capacités intellectuelles. Il avait quatre ans lorsqu'un jour, à leur retour des champs, il leur apprend qu'un train local a déraillé. Surprise. On l'interroge, comment a-t-il su, écoute-t-il la radio lorsqu'il est seul à la maison ? Lui de répondre tranquillement : « Je l'ai lu dans le journal. » Affolés, les parents, qui fréquentaient plus volontiers le vétérinaire que le médecin, appellent celui-ci et découvrent avec lui que l'enfant a appris à lire seul en suivant les devoirs de son frère, de deux ans son aîné. Le médecin, qui est aussi le conseiller pédagogique du village, recommande une intégration prématurée au cursus scolaire. L'école est loin, il doit descendre en ski l'hiver ou à pied l'été, à travers la forêt. Son conte préféré était *Le Petit Poucet*. Il a dû, lui, à sa manière, se confronter aux éléments de ce rude pays, la neige, le vent violent, les orages, la foudre qui abat les arbres devant lui. Qu'importe, il saute les deux premières années et ainsi commence un parcours irréprochable de premier de la classe. Pour sa quatorzième année, ses parents lui expliquent qu'il pourra facilement obtenir une place à la poste ou à la banque, qu'ils approuvent son désir d'aller plus loin ou ailleurs mais qu'ils n'ont pas les moyens de financer des études longues. Qu'à cela ne tienne, son statut d'élève brillant lui assurera une bourse confortable jusqu'à son doctorat. Jamais dans ses récits il n'a laissé pointer la moindre souffrance face à cette exigence, qu'il s'est infligée ou qui lui a été imposée, de ne pas décevoir. Il décrivait avec humour ses peurs d'enfant dans la forêt mais aussi ses succès sportifs. La nécessité de chausser des skis pour faire ses premiers pas avait fait de lui un jeune champion.

Je le regarde dériver et je questionne cette enfance idéale. S'est-il fabriqué de jolis souvenirs pour travestir une réalité moins parfaite ? A-t-il si profondément enfoui ses regrets d'être sorti trop tôt de l'enfance que leur poids l'entraîne aujourd'hui vers une insouciance retrouvée ? Quels cailloux le Petit Poucet a-t-il cachés sur les bords de sa route ?

Si je n'ai pas accès à ce passé, je connais en revanche l'épreuve douloureuse qu'il a rangée sous des épaisseurs de silence. La mort de son fils adolescent. J'ai tenté d'approcher sa souffrance mais je me suis heurtée à un refus. À sa manière aussi douce et têtue qu'impérieuse, il s'est refermé seul sur sa perte. Une épouse attentive parvient à soutenir, accompagner, compenser le handicap de l'autre. Un couple boiteux, aveugle, amputé, invente ses chemins dans une vie ordinaire. Mais un couple kamikaze, dont l'un avance en souriant avec une bombe logée dans le cœur, est inéluctablement condamné à la désintégration. Aurais-je dû la faire exploser avant qu'il n'en implose ? On peut habiller ses propres peurs de nobles mots, respect, égards, pudeur, ou de moins respectables, lâcheté, évitement, insouciance. Le trou béant dans la tempe de son enfant a englouti sa mémoire et la maladie du *comme si*, comme si rien ne s'était passé, comme si une telle horreur n'avait pas eu lieu, nous a séparés à tout jamais l'un de l'autre.

Privé trop tôt de son enfance, entré trop tard dans sa jeunesse, s'est-il pardonné d'avoir beaucoup abandonné pour se donner le droit de vivre ce qu'il ne croyait possible que dans les livres ? Pour notre génération, « la jeunesse » était un mal nécessaire qu'il fallait quitter au plus vite pour entrer dans la vraie vie. Elle a surgi de sous les pavés après Mai 68 et nous a réveillés d'une vie trop sage. Il s'y est jeté passionnément à un moment où il était bienséant d'être assigné à résidence permanente et carrière assurée, figé pour toujours dans un rôle qu'il avait endossé prématurément, condamné à perpétuité à sagesse et raison pour une vie estampillée « adulte responsable ». Les virées nocturnes, les heures de travail buissonnier, les escapades amoureuses, il les a dévorées sans vergogne. On les lui a reprochées. Il n'a pas affronté la discorde que son heureux chaos a engendrée. Se peut-il que cette fuite du conflit aussi soit à l'origine de sa plongée ? S'est-il, au fur et à mesure qu'il revendiquait sa liberté, abreuvé à la fontaine de Léthé qui assure l'oubli et ainsi dispense de la culpabilité et du remords ? Il aurait en quelque sorte mis en place dès l'âge de quarante ans les mécanismes précurseurs de la maladie d'Alzheimer. Réfugié dans sa citadelle intérieure qui est devenue peu à peu une « forteresse vide[1] ».

Une année avant l'apparition foudroyante des premiers symptômes, nous avons vécu un épisode dont je n'ai pas sur l'instant

---
1. Référence à Bruno Bettelheim, *La Forteresse vide*, Gallimard, 1967.

mesuré la portée. Passionné de peinture, il s'était depuis sa retraite consacré à l'écriture d'ouvrages sur l'histoire de certaines œuvres. *Le Nain des Noces*, à propos de Véronèse et ses *Noces de Cana*, puis Bruegel et *La Chute d'Icare* lui avaient inspiré deux livres originaux et très appréciés. Dans le même esprit, il projetait d'aborder les deux fresques d'Ambrogio Lorenzetti, trésors du Palazzo Pubblico à Sienne, *Les Effets du bon et du mauvais gouvernement*. Séjour enchanteur dans cette ville magique, longues stations dans la salle qui leur est consacrée pour détailler, observer, commenter les scènes, les personnages. Il montrait avec subtilité et enthousiasme comment le peintre représente la portée désastreuse de la tyrannie et de la guerre sur la ville et la campagne. Comment au contraire l'harmonie règne lorsqu'elle est orchestrée par le pouvoir dans le respect des vertus cardinales. Il projetait d'actualiser son propos en une allégorie moderne. Nous avons ratissé les librairies, fouillé les bibliothèques à la recherche de documents pour étayer son projet. Vers la fin du séjour, il m'a raconté son futur livre. Nous étions installés à l'heure de l'apéritif sur une de ces petites places siennoises à l'abri des grands murs. Le *vino bianco* dans nos verres se dorait au soleil couchant. Instant inoubliable où l'on assiste à la naissance d'une œuvre. Je l'ai écouté jusqu'à ce que la fraîcheur de la nuit l'interrompe.

    Quelques mois plus tard, il m'a demandé de lire le premier jet de son texte. Et là, ô stupeur, je ne retrouve rien de son sujet. Il tourne autour, se perd en digressions, plagie un *Voyage en Italie*. Stendhal avait ouvert la voie empruntée par bien d'autres sur ses pas. Au fil des pages, je recherche vainement les propos qui m'avaient enchantée. Nous avions l'habitude d'échanger sur notre travail quel qu'il soit et de prendre en compte l'avis de l'autre.

Nous savions être encourageants mais sans fausse complaisance. Je ne reconnais rien, ne comprends rien à cette tournure si éloignée de son projet. Et je le dis. Je m'attendais à une discussion, un débat passionné, à de nouvelles propositions, une explication sur ce changement de cap. Il a rassemblé ses feuillets et a cessé d'écrire. Mi-déçue, mi-furieuse, j'ai trop hâtivement taxé sa réaction d'orgueil excessif, de susceptibilité outrée, et j'ai classé l'incident. Quelques mois paisibles ont suivi, mais il n'a plus été question de voyages, ni de peinture, ni d'Italie.

Harassée par d'autres préoccupations, j'aurais sans doute enterré cette histoire avec les lambeaux de mon deuil si je n'avais au détour d'une lecture rencontré cette phrase d'un psychanalyste qui m'a réveillée et bouleversée : « L'événement qui va provoquer l'entrée en démence peut paraître insignifiant pour l'entourage et à ce titre passer inaperçu, tout en étant dans la réalité affective du sujet très importante[1]. » Son attitude que j'avais jugée épidermique et déplacée a-t-elle, comme une réaction chimique, précipité les manifestations de la maladie en germe ? Blessure narcissique épouvantable pour un psychisme en équilibre fragile ? Ou conscience douloureuse de son incapacité à aller plus loin ? Si c'est le cas, il n'a rien manifesté, hormis quelques tentatives clairsemées de m'en faire porter la responsabilité. De loin en loin il répétait le même reproche : « Tu m'as cassé », sans autre possibilité de dialogue. Ma franchise sans apprêt a-t-elle été le détonateur qu'attendaient les symptômes tapis dans l'ombre ?

Immergée malgré moi, sans préavis ni préparation, dans cette maladie, je me suis débattue à ma façon, frappée et encore

---

[1]. André Chevance, « La maladie d'Alzheimer et le désir d'oubli », in *Cinq Paradigmes cliniques du vieillissement*, Dunod, 2005.

aujourd'hui étonnée que l'on ne s'occupe que du symptôme sans se soucier ni de son origine ni de son sens. C'est en revisitant l'histoire de Daniel que j'en ai tenté la recherche. Je ne prétends pas que ce flash-back révèle une vérité, mais il m'a permis d'apprivoiser sa maladie et de renouer avec l'amour qui nous unissait. Je m'étais perdue dans la colère, aliénée dans les reproches, abandonnée dans le désespoir. Je retrouvais un chemin d'apaisement qui devait toutefois traverser la montagne d'interrogations que j'avais érigée en pelletant ses souvenirs. Prenant en moi son histoire, je commençais à le comprendre. Mais aucune explication ne m'éclairait sur ce que j'allais pouvoir faire de notre vie explosée. Alors je me suis tournée vers la science. À ma manière, indépendante et suspicieuse.

Je n'ai pas cédé aux sirènes de la pharmacologie. Un laboratoire américain avait réuni à Paris un « panel d'aidants », conjoints exténués, descendants déboussolés, afin de tester sur eux la proposition marketing d'une sorte de « chimiothérapie du cerveau » prometteuse. Aucun de nous n'a toutefois adhéré à des promesses aussi mirobolantes qu'incertaines. Je me souviens d'avoir heurté les gentils animateurs en déclarant que je ne croyais pas à une approche « tout organique » de la maladie d'Alzheimer. J'ai l'intime conviction que seule une explication multicausale de la maladie est valable et que son traitement ne peut résulter que d'une approche pluridisciplinaire.

Pas plus que je ne suis sensible aujourd'hui aux annonces scientifiques et « protéinées ». Espoirs fallacieux ou prématurés, à la recherche de budgets. Les statisticiens aussi y sont allés de leurs élucubrations et prédictions socioculturelles, pour nous prouver que plus notre niveau de culture et de diplôme est élevé, moins on est un « sujet à risque ». Que les intellectuels se rassurent, ils sont équipés d'un « réservoir cognitif » bien garni qui leur permettra de mieux résister aux attaques de la maladie d'Alzheimer. Ex-docteurs ès lettres, ex-ingénieurs, ex-avocats ou ex-diplômés de tous bords que j'ai côtoyés au centre d'accueil de jour, comment avez-vous pu dilapider ainsi votre « réserve cognitive » immunitaire ? Et vous, Albert Einstein, Prix Nobel, dont nous avons prudemment oublié la triste fin ? De quelle nature sont les fuites qui vous mettent au ban de la statistique ? Autre paradigme saisissant, énoncé dans une émission de télévision avec une véhémente componction par un neurologue patenté, « le cerveau vieillit bien si l'on n'est pas malade ». Je suppose que le foie aussi, s'il n'a pas de cirrhose, tout comme l'oreille, si elle ne devient pas sourde.

J'étais en voie de désespérer de la science lorsque le hasard, qui n'existe pas mais fait bien les choses, m'a mise sur la piste d'un « livre[1] plein d'espoir », haletant comme un thriller, qui, malgré lui et malgré son auteur, nous a entraînés dans une folle équipée. Je me suis engouffrée dans le récit avec l'avidité de l'assoiffé. J'ai eu la révélation des miracles de la « plasticité neuronale ». Telle une Alice aux pays des merveilles miniaturisée, je me suis glissée, chapitre après chapitre, dans les sillons du cortex, j'ai escaladé les lobes frontaux, caressé les synapses déficientes et vibré aux larmes devant la résurrection d'un homme condamné à la paralysie par un accident vasculaire cérébral. J'ai relu cent fois, perplexe et

---
1. Norman Doidge, *Les Étonnants Pouvoirs de transformation du cerveau*, Belfond, 2008.

exaltée, que « le cerveau peut entièrement se réorganiser à la suite d'un accident, les réseaux de neurones peuvent s'adapter à de nouvelles missions ». J'ai cessé de me demander si la maladie d'Alzheimer est un accident ou une malédiction programmée depuis longtemps. À l'instar des neurones, je me suis derechef assigné une nouvelle mission. Voilà, je tenais le fil, j'avais la vision de ce que je devais faire désormais : aider ce cerveau maltraité à réorganiser ce qui pouvait l'être encore ! J'étais cependant suffisamment lucide pour ne pas m'engouffrer dans l'hypothèse illusoire d'une guérison. Simplement, je me trouvais enfin un rôle minuscule, une infime chance d'agir dans ce déroulement implacable de la maladie qui nous anéantissait.

Il me manquait toutefois un *modus operandi* pour me lancer. J'avais trouvé une clé mais je ne savais l'utiliser. J'étais sans doute dans une phase de récolte fructueuse puisque dans le même temps j'ai trouvé dans une revue sérieuse un article utile, « Les neurones de l'amour ». J'appris que nos neurones sont sans arrêt en résonance avec les émotions d'autrui, qu'ils en ont besoin et se nourrissent de l'amour de l'autre. Leur capacité mimétique est sans limites. Voilà, je tenais le fil, l'évidence de ce qu'il me restait à faire. Puisque les émotions s'attrapent comme un virus, je vais le contaminer d'amour et d'attentions pour animer les neurones qui peuvent l'être encore, à défaut de ressusciter les autres. Je vais brancher mes milliers de neurones sur la longueur d'onde amour et ainsi activer chez lui les circuits débranchés. Neuro Pygmalion, me voici prête à l'entraîner par l'amour à se rebrancher à ses émotions, à sa sensibilité, à sa vie.

Alors, terminé les émotions négatives, la colère, les récriminations, les ressentiments, les reproches d'abandon et de démission.

Je renouais enfin avec le torrent d'amour que je portais en moi et qui s'était trop longtemps déversé en fureur. Il me restait à le canaliser. Je gagnais du même coup le droit de me laisser aller au besoin de l'entourer, de lui tenir la main, de le soigner, de pallier ses manques et ses déficiences sans le lui reprocher.

Pour cette entreprise de « réanimation mentale », une double piste s'ouvrait devant nous : la stimulation et le transfert d'émotions positives. Je m'y suis employée tandis que les séances d'orthophonie et les activités dispensées par le centre d'accueil de jour œuvraient dans le même sens : le maintenir en éveil.

De mon côté, inspirée par un joli film contemporain de mes desseins, j'ai tenté de l'entraîner à *Se souvenir des belles choses*. J'évoquais, photos à l'appui, nos voyages, les enfants et petits-enfants, les amis chers, les beaux moments de notre vie. Il approuvait docilement avec une gentille indifférence dont l'intensité s'épaississait à proportion de mes efforts. Il disait : « Oui, oui », mais aucun récit ne rallumait une étincelle dans ses yeux. Il me semblait que plus j'ouvrais de fenêtres, plus dense et opaque devenait le mur qu'il leur opposait. Comme s'il s'était mis à redouter les courants d'air que je provoquais autant qu'il craignait dans sa vie quotidienne les attaques du froid. Une initiative nous a précipités un jour au bord de la catastrophe et a accéléré ma prise de conscience : j'étais une fois de plus sur une mauvaise piste. La Pinacothèque exposait le duo mère-fils Suzanne Valadon-Utrillo. J'ai eu envie de provoquer une rencontre avec la peinture, espérant réveiller un peu de ce goût passionné qu'il lui manifestait. Très vite, il s'est mis à traîner les pieds ou, au contraire, accélérer le mouvement quand il estimait que je m'attardais trop devant une toile. Il laissait errer un regard vague sur la foule, me tirait par la manche pour s'en aller jusqu'au moment où il explosa. C'était la première fois que je le voyais entrer véritablement en colère. Il déclara avec véhémence qu'il connaissait déjà tout ça, qu'il avait déjà tout vu et que cet endroit était sans intérêt. Touchée, comme à l'escrime, je compris que mes tentatives d'effraction « dans ce mécanisme défensif qu'est l'oubli » étaient en voie de virer à la maltraitance psychique. Il lui restait encore assez de ressort pour se défendre.

Dans le même temps il a commencé à exprimer clairement son refus des séances d'orthophonie et des journées au centre. Il se plaignait de ne pas y trouver un moment ni un lieu pour se reposer seul. La fréquentation obligatoire des autres l'épuisait, tout autant que ses stratégies pour travestir la disparition des mots et son incompréhension progressive de nos propos. Il ne sympathisait pas avec ces semblables qu'il jugeait trop différents de lui et trop bavards. C'est lui qui a demandé à être pour un temps seul quelque part, à avoir une chambre à lui. « Seul », c'était sans ces autres, mais peut-être aussi sans moi. Je réalisais que les chemins choisis pour mon objectif n'étaient pas adaptés.

Nous avions tous les deux besoin d'une pause. Une place se libérait dans une maison de retraite de la région parisienne, nos relations nous ont permis de l'obtenir rapidement. Nous avons l'un et l'autre endossé cette décision avec soulagement. Il n'en pouvait plus d'un faire-semblant qui ne trompait plus personne. Je m'étais essoufflée dans cette quête de renouvellement. Une jolie chambre avec une vue immense sur Paris, un compagnonnage paisible avec les arbres du parc qui lui assuraient leur ombre pour fumer nous ont paru dans un premier temps un cadre de vie acceptable. Il disposait d'une certaine liberté de mouvement, de la possibilité aussi de choisir parmi les activités proposées. Très vite il sut sélectionner celles qui n'exigeaient aucune implication personnelle, films, concerts, lectures à haute voix. Mais il refusait catégoriquement les ateliers mémoire, les jeux, les commentaires des journaux. On nous disait qu'il s'adaptait, il me répétait : « Je suis bien ici mais je ne vais pas rester longtemps, nous irons bientôt voir ailleurs. » À son entrée, il avait prédit qu'il resterait huit ou neuf mois, pas plus. Intuition du poète ou décision qui allait m'influencer ? À ce moment-là, je n'étais sûre de rien et surtout pas de ma capacité à le réintégrer à ma vie.

Une vie que je tentais de reconstruire sans lui. Une petite vie parisienne aux allures sympathiques mais qui me laissait vide, en quête désespérée d'un sens. Je portais le poids du manque, hantée par le sentiment de m'être arrêtée en route, d'avoir failli à la mission que je m'étais attribuée. Lui aussi tournait en rond, de plus en plus seul et réellement inadapté à ce type d'institution. J'entendais souvent les réponses impatientes voire agressives qui s'adressaient au même type de malades. Je voyais le personnel s'irriter contre ces « résidents difficiles » qui posaient cent fois la même question, exprimaient des désirs irréalisables, réclamaient des attentions qu'on n'avait pas le temps de leur accorder. Ils erraient au milieu des fauteuils roulants et des tables de jeux, exilés sur une planète qui n'était pas la leur, privés de l'affection qu'ils revendiquaient. Les après-midi que je passais près de lui, nous nous tenions la main en rêvant d'un avenir qui nous permettrait de vivre encore ensemble. Il me demandait : « Quand ? », je répondais que je n'étais pas prête. Je savais qu'il me faudrait inventer des conditions acceptables pour l'un et l'autre, et à ce moment-là j'étais convaincue qu'en France rien ne pouvait répondre à cette exigence. De plus, j'avais encore en tête un des volets de ma mission. Il me restait à expérimenter « la stimulation par la nouveauté ».

J'avais depuis longtemps caressé le fantasme d'une vie à l'étranger, encouragée par mes expériences de travail humanitaire en Inde et en Afrique. Je me suis mise à idéaliser la vie avec des gens dévoués, insensibles à la maladie psychique, dépourvus de jugement critique et de regard négatif. Je m'intéressais à la culture malgache et m'imaginais que dans cette ambiance vouée au culte des ancêtres et des esprits, sa maladie serait considérée comme une bénédiction et lui comme un émissaire de l'au-delà.

> *Soyez comme l'eau et le riz qui jamais ne se quittent
> ni dans la rizière ni dans la marmite.*
>
> Proverbe malgache

Il était provisoirement en sécurité dans ce lieu de retraite où pas plus que lui je ne pouvais imaginer un avenir. Encouragée par des amis qui connaissaient le pays, stimulée par son désir d'ailleurs et par le mien de continuer notre chemin ensemble, je suis partie trois semaines à Madagascar pour faire des repérages. Je lui ai expliqué le projet, il en a assez compris pour conclure : « Après tu m'emmèneras. » J'avais promis, je l'ai fait.

Trois semaines de bonheur et d'enthousiasme, comme ceux que l'on peut connaître en visitant un appartement témoin. J'ai contacté des médecins, des fonctionnaires, des religieux, des autochtones qui après une carrière en France étaient rentrés au pays pour leur retraite. J'ai fait des projets avec la seule association Alzheimer de l'océan Indien. Une femme à la tête d'une petite entreprise de tourisme qui venait de vivre ce drame avec sa mère m'a déclaré les yeux pleins de larmes : « Ici tu ne seras plus jamais seule. » Tous malgaches. Je voulais prendre le pouls du pays et je ne souhaitais pas me réfugier chez les « expat ». À tous j'ai tenu le même langage : « Mon mari souffre d'une maladie incurable mais il est en bonne forme physique. Nous avons une belle histoire d'amour à terminer. C'est ici que je voudrais le voir finir ses jours heureux et entouré. » Tous m'ont affirmé que les conditions optimales étaient réunies pour que nous y vivions bien, un climat excellent, des fruits et légumes à profusion et des familles en recherche de travail qui sauraient m'aider à m'organiser. Un juste équilibre entre une rémunération dont ils avaient besoin et les exigences de notre situation particulière. Et tous bien sûr seraient là pour nous accueillir. Une belle maison en bois de palissandre venait de se libérer dans le village que j'avais choisi, dans le proche voisinage d'un couple de médecins pour notre santé et un général en retraite pour notre sécurité. Je tenais particulièrement à cet endroit dans les collines sacrées qui entourent Tananarive parce qu'il m'évoquait sa Suisse natale. Même altitude de collines, climat tempéré, simplement il trouverait des rizières au lieu des prés et des zébus à la place des vaches.

Lorsque j'exposais mon projet, je voyais dans leurs yeux noirs braqués sur moi renaître notre couple. Le naufrage de sa maladie avait fait de nous des parias. Ici nous redevenions des êtres humains. J'avais trouvé *Un endroit où aller*[1], nous étions attendus. Pour une vie aménagée certes, comme leur rhum arrangé au gingembre ou à la cannelle, arrangée pour lui et autour de lui, mais vivable pour tous les deux. Il serait admis et aimé tel qu'il était devenu et moi je me faisais confiance pour trouver à me rendre utile au pays dans les moments où j'aurais besoin de prendre l'air. J'avais déjà visité un village qui voulait développer son élevage et rêvais de les aider à mettre en place un « parrainage de zébus ». Avant mon départ, j'ai pris soin d'orchestrer avec le médecin de l'aéroport notre arrivée en Terre promise pour lui éviter les heures

---
1. Robert Penn Warren, *Un endroit où aller*, Stock, 1979.

d'attente au contrôle des passeports. J'étais animée d'une ferveur inébranlable et je n'envisageais pas que puissent se dresser des obstacles. Je rapportai dans mes bagages des échantillons du pays pour la famille et des papiers administratifs que j'aurais été bien avisée d'étudier plus attentivement avant de nous embarquer dans cette aventure.

Quatre mois pour la préparer. Je ne pouvais pas le laisser plus longtemps dans ce mouroir où il dépérissait malgré mes récits d'avenir. Le temps ne comptait plus pour lui, seul l'instant présent importait et j'avais le sentiment d'avoir engagé une course contre la montre, contre la détérioration, contre l'irrémédiable dont je pensais encore pouvoir le sauver. À mon retour je l'avais trouvé en mauvais état physique et les rapports que l'on me faisait de lui étaient déprimants. L'été en marche réveillait l'obsession de la canicule. On lui interdisait ses promenades dans le parc, ses volets devaient rester fermés pour garder la fraîcheur et l'institution ne fournissait pas de bouteilles d'eau pour qu'il puisse aller dehors sous l'ombre des grands marronniers. Pas étonnant qu'en mon absence on l'ait rangé dans la catégorie « agressif et difficile ». Pour qu'il se tienne tranquille on avait augmenté la dose d'Équanil. Il devenait de plus en plus confus. Sans cette perspective de départ, j'aurais bataillé. J'ai préféré informer sobrement de ma décision et j'avais autre chose à faire pour assurer notre avenir.

Quatre mois pour finir de vendre, donner, liquider ce qui nous restait, pour boucler notre vie en France et surtout pour expliquer ce projet qui paraissait à la fois complètement fou et merveilleusement beau. J'avançais malgré une alerte de mauvais augure à l'ambassade de Madagascar. Le planton de service m'avait jeté à la figure : « Mais qu'est-ce que vous venez foutre chez nous ? » et refusé ma demande de visa transformable, sésame indispensable pour obtenir ensuite les titres de séjour. Quelques jours de panique puis l'e-mail rassurant d'un correspondant sur place : « Venez avec un simple visa de tourisme, un frère de mon père bien placé au ministère vous arrangera cela et vous obtiendra des papiers en règle. » C'est ainsi qu'en toute inconscience je suis entrée dans la clandestinité. Qui n'a pas vécu, quel que soit le pays, avec le statut de « sans-papiers » ne peut mesurer l'angoisse que celui-ci engendre. Mais sur l'instant, l'urgent était de partir.

Sa prédiction se réalisait. Le temps d'une gestation, neuf mois jour pour jour, s'était écoulé en transit dans cette maison de retraite. Nous l'avons quittée devant un personnel stupéfait aligné comme pour une haie d'honneur. En me souhaitant bonne chance, quelqu'un m'a glissé à l'oreille : « C'est la première fois que l'on voit partir un de nos résidents debout. » C'est vrai qu'il se tenait bien droit et pour la première fois depuis longtemps j'ai vu une flamme se rallumer dans ses yeux. Il n'en fallait pas plus pour assurer mon courage.

Prendre une décision, c'est abstrait, c'est exaltant. Je l'ai prise dans la joie, la foi et l'espérance, avec tout l'enthousiasme dont je suis capable. J'ai « assuré ». J'ai rassemblé les arguments pour convaincre. J'ai été soutenue et encouragée. Pas une voix ne s'est élevée pour modérer mes ardeurs. En ouvrant pour notre couple ce nouvel espace de vie, je sentais que mon espoir devenait communicatif. Sa musique a fini par couvrir le bruit de fond, les inquiétudes et la tristesse de nos enfants et des amis proches.

Mais le moment est arrivé de « gérer les conséquences de la décision ». Déjà les valises sont enregistrées. Les plus grosses destinées à prévenir les froidures du mois de juillet austral sont parties en fret. Serrés les uns contre les autres, nous attendons avec nos enfants l'annonce de l'embarquement, mais les kilomètres nous séparent déjà. Nous avons le cœur serré et les yeux secs. Je rêve ? Il me semble que les siens sont plus vifs. Il a l'air de se réveiller d'un long sommeil apathique. Il répète : « Je suis heureux » et les embrasse tous gaiement sans lâcher ma main.

C'est l'heure de franchir la ligne de démarcation. Au-delà de cette limite je serai seul maître à bord. Il paraît que les grands départs sont toujours escortés d'une petite dépression. Sitôt passé le contrôle des passeports, lorsqu'ils ne nous voient plus, je m'effondre. Le flot de larmes emporte les efforts d'avant, les peurs de l'après, la douleur de la séparation. Il me caresse la tête, commence à s'inquiéter. Je me redresse. Je n'ai pas le droit de me laisser aller. Je retrouve la force de mon credo : pour qu'il soit bien, je dois le contaminer de bonheur. Ce n'est pas le moment de flancher.

Pour les passages difficiles j'ai souvent des phrases de secours. À cet instant, c'est Nicolas Bouvier, mon maître ès voyages dont les œuvres complètes m'accompagnent : « La vérité c'est qu'on ne sait comment nommer ce qui vous pousse. Quelque chose en vous grandit et détache les amarres jusqu'au jour où, pas trop sûr de soi, on s'en va pour de bon. » Pas trop sûr de soi, c'est bien moi en ce moment. Au rythme de notre marche vers la salle d'embarquement, ces mots résonnent tantôt comme le gong annonciateur de futurs bonheurs, tantôt comme le glas de notre vie passée. Pourtant je sais ce qui me pousse et, malgré ma tristesse, la lumière dans ses yeux me dit que j'ai une bonne raison de détacher les amarres.

Onze heures d'avion paisibles et douces. J'ai dormi, dormi comme un sportif se préparant à une épreuve de fond. Il n'a pas lâché ma main, n'a pas fermé l'œil et m'a regardée dormir sans bouger. À l'arrivée, le scénario prévu s'est déroulé à merveille malgré sa réticence à s'installer dans le fauteuil roulant éventré et brinquebalant qui l'attendait au pied de l'avion pour justifier une traversée de tous les contrôles en privilégiés. Sanglée dans son tailleur strict, la doctoresse nous a guidés en distribuant sourires et pourboires vers la sortie et le comité d'accueil. Mes angoisses s'exfoliaient au fur et à mesure de notre progression, et notre premier mois a été magnifique.

Le temps de préparer la maison et d'accomplir toutes les formalités de location et d'assurance, nous étions en chambre d'hôte chez un couple de Franco-Malgaches devenus depuis des amis fidèles. Mia, née en France de parents malgaches, avait convaincu son mari de venir au pays pour y développer un projet hôtelier. Jeune femme généreuse et entreprenante, elle donnait entre autres des cours de tai-chi et parvint vite à séduire Daniel. Chaque matin de ce mois béni, ils montaient dès le soleil levé sur la terrasse face aux rizières et aux champs cultivés dans lesquels s'affairaient déjà les paysans. Elle adaptait pour lui des exercices de respiration, des mouvements d'équilibre, de jolies histoires de ballons qui s'envolent et de filets à remonter. Il l'écoutait, s'appliquait à faire les mouvements demandés et au petit déjeuner il se lançait dans un discours confus d'où ressortait qu'il était heureux, qu'il nous aimait tous et qu'il était bien ici. Il prenait goût à découvrir des fruits inconnus, des saveurs nouvelles. Dans la journée, une jeune femme attentionnée s'occupait de lui pendant que Mia m'initiait à la ville, m'accompagnait dans mes démarches. Je découvrais les marchés d'artisanat et le soir je déballais mes achats pour notre future maison. Chaque soir, il m'attendait comme un enfant au pied du sapin qui découvre ses cadeaux. Je le voyais revivre et cette « récupération » faisait soudain émerger des capacités que j'avais cru perdues. Il arrivait à mes amis d'exprimer des doutes sur le diagnostic de sa maladie et à moi de croire que je me réveillais d'un cauchemar. Un jour, je me suis sentie assez sûre de moi pour l'emmener en ville. Nous étions serrés dans le taxi-be collectif bondé de têtes nouvelles qu'il dévisageait tranquillement. Il observait tout, ne voulait rien perdre du spectacle. Les jacarandas étaient en fleur, la ville était bleue. Il répétait : « C'est beau, c'est beau », et moi je versais des larmes de joie tandis que les arbres répandaient sur les trottoirs leur trop-plein de sève qu'on appelle ici « les larmes du bois ».

Notre maison. Enfin. Depuis plus de deux ans nous étions passés par tant d'étapes provisoires qu'en franchissant le seuil comme des jeunes mariés, j'ai fait le vœu d'y rester jusqu'à la fin de ses jours. Heureusement, les dieux ne m'ont pas entendue et, comme diraient les Indiens navajo, ils ne m'ont pas punie en m'exauçant. Mais en cet instant, je m'emplissais de son bonheur, de ce projet de vie inédit et de mes nouvelles responsabilités. Toutefois, je me suis vite rendu compte qu'il me faudrait les partager avec le gardien de la maison et « l'ancêtre » qui avait élu domicile sous l'escalier. Le gardien détenait les clés et tous les secrets pour régler ce qui ne marchait pas, les coupures d'eau, les pannes d'électricité, les volets arrachés par les tempêtes, la boue rouge dans laquelle nous pataugions dès qu'il pleuvait. Quant à l'ancêtre, nous lui devions simplement le soir venu quelques libations versées avec ferveur sur sa portion de sol. J'avais tellement envie de m'imprégner de l'esprit du pays que je n'ai pas eu de mal à l'adopter. Aussi peu que pour apprendre sa langue. Langue difficile que je devais écrire en phonétique pour m'entraîner à la prononcer. Dans le bus, dans la rue, dans les boutiques, j'étais aux aguets du mot nouveau et je ne me souciais pas des regards moqueurs adressés à la *vazaha* qui voulait parler malgache.

Daniel s'était trouvé un ami. Ils passaient des après-midi à marcher dans les collines. Je n'ai jamais su en quelle langue ils communiquaient, mais au retour, l'un me disait dans son français approximatif qu'ils avaient fait de la poésie et l'autre, avec les mots qui lui restaient, qu'ils s'étaient bien amusés. Lorsque je rentrais de mes expéditions en ville, impérativement avant la nuit par le bus de 16 heures, Daniel me guettait du haut de la terrasse et je le retrouvais bronzé et heureux. Je rangeais dans un sourire mes soucis de paperasse et les périls que mon entourage imaginait pour moi, agression, enlèvement et autres risques liés à mon indépendance têtue. Peu à peu j'ai compris, à travers les propos du gardien porte-parole du voisinage, que mon statut de femme libre dérangeait. On choyait M. Daniel, mais finalement on acceptait mal mon désir de connaître le pays, de rencontrer des inconnus, d'explorer la capitale et de m'y intégrer.

L'administration aussi me faisait comprendre que nous n'avions rien à faire ici. Je justifiais de l'ouverture d'un compte en banque, des emplois qui faisaient vivre trois familles du village. On m'assignait de bureaux en commissariats pour tamponner, légaliser le moindre papier. Je faisais le constat par la mise à l'épreuve que, ici comme ailleurs, les étrangers sont bien accueillis en touristes de passage mais suspects dès qu'ils souhaitent s'installer. Même s'ils apportent leur contribution. Ce n'est pas parce que je connaissais les formules de politesse en malgache et les signes extérieurs de soumission à l'ordre établi que j'étais dispensée de me plier à la coutume du bakchich si répandue en Afrique, baptisée ici par la jolie formule du *petit* ou *gros goûter* selon l'importance de la requête. Toutes mes démarches par les voies officielles furent systématiquement rejetées. Il me manquait toujours un tampon, un papier, une autorisation. Sans cesse je me heurtais à des contradictions insolubles. En me fiant à des promesses, j'avais commis une erreur et j'allais le payer cher. Jamais je n'obtiendrais nos permis de séjour par les voies légales. Je refusais d'imaginer un départ précipité, un arrachement du pays auquel Daniel s'adapte si bien. Alors j'ai accepté de rentrer dans le cycle infernal de la corruption. J'ai fréquenté des officines douteuses, le ventre gonflé de billets crasseux que je transportais sous ma chemise. Je continuais à remplir des attestations mais j'agrafais aux formulaires dûment remplis des liasses d'ariarys.

Jusqu'alors, je n'avais pas connu cette sensation indéfinissable, la peur. Dans les grandes villes marocaines, j'avais arpenté seule les ruelles des médinas. J'avais vécu seule dans un quartier populaire de Madras près du bidonville où notre association était engagée. Avec une amie, nous avions traversé le Togo en pleine révolution dans un taxi-brousse. Chaque fois que le chauffeur apercevait un groupe excité de manifestants, il nous précipitait sous le tableau de bord en maugréant : « Ils vont pt'être pas vous tuer, mais ils vont tout vous prendre. » Je n'avais jamais eu peur.

Ici j'avais charge d'âme. Daniel si vulnérable, si sensible aux moindres variations du temps ou de l'humeur. Je parvenais à cloisonner nos vies et à me montrer comme il aimait que je sois, attentive et enjouée. Dans mon sac à dos, il trouvait les fruits, les gâteaux, les minuscules cadeaux que je lui rapportais de mes expéditions en ville, mais en aucun cas mes sueurs froides. Le soir tombe vite sous les tropiques et il n'était bien sûr pas recommandé de se promener sous le ciel malgache étoilé qui est pourtant si beau. Nous trouvions refuge dans notre chambre comme des oiseaux au nid. Il me disait : « Je suis heureux », s'endormait en me tenant la main et ne bougeait qu'au chant du coq. À ses côtés, je me laissais tomber hors du temps, je sombrais avec lui pour oublier le mal du pays, je glissais dans des profondeurs sans rêves hors de cette réalité de plus en plus oppressante.

Réalité qui pourtant ne tardait pas à s'imposer à moi dès le lever du soleil. C'était d'abord le gardien qui venait déposer sur la table du petit déjeuner les toutes dernières mauvaises nouvelles, comme si le monde avait profité de mes heures de repli pour aller de travers. Une chouette s'était posée sur le toit, le riz n'avait pas gonflé dans la marmite, le rat avait tué une poule. Funestes présages qui n'auguraient rien de bon pour la journée. Et d'ajouter pour s'assurer que j'en avais bien pris la mesure : « Il va bien monsieur Daniel aujourd'hui ? » Il est vrai qu'à cette époque ses chutes avaient repris et les traînées de sang qu'il laissait sur le ciment ou le carrelage ajoutaient à l'inquiétude ambiante. Notre voisin médecin passait tous les soirs avec sa trousse de secours.

Tous deux étions habitués à ses blessures, et sous les bandages il conservait sa bonne mine.

Selon les jours, les voisins bien intentionnés défilaient, qui pour annoncer que des bandits s'étaient évadés de la prison et se cachaient dans nos collines, qui pour m'informer que des manifestations étaient prévues en ville ou que des Français avaient été assassinés dans le sud de l'île. Tout cela me signifiant clairement que je ferais bien de rester à la maison. J'étais capable de beaucoup endurer, mais la privation de liberté m'était insupportable.

De la part de mon entourage, il s'agissait manifestement d'une tentative de prise de pouvoir sur moi par le truchement de la peur. Je n'en pouvais plus de ces manipulations sournoises. Il me fallait les vaincre sur leur propre terrain. Un matin, devançant toute discussion, j'ai annoncé au gardien, qui dans les minutes suivantes ne manquerait pas d'en informer le village, que l'ancêtre, cette nuit, m'avait rendu visite. Pour déclarer que « désormais j'étais sous sa protection, que quiconque me ferait du mal serait immédiatement puni en retour ». Oui, il était bien noir, les cheveux ras et les dents blanches. Non, il ne m'avait pas dit son nom, mais ma description et mon assurance lui permirent d'identifier son grand-père. En échange de mon subterfuge, je devais ma dîme à l'ancêtre. Si les cigarettes étaient admises pour Daniel, les miennes choquaient. J'ai donc avoué que mon protecteur providentiel m'avait demandé d'arrêter de fumer. Mon sacrifice consolidait du même coup la crédibilité de l'annonce. Unanime approbation. Je venais de gagner ma tranquillité et ma liberté de mouvement.

Malgré les imprévus auxquels je devais faire face en improvisant constamment, je ne perdais pas de vue le fil directeur de ma mission : le maintenir en éveil et le stimuler par la nouveauté. Regarder défiler les paysages était pour lui un grand bonheur. J'en ai profité pour réaliser un de mes rêves : voir l'allée des baobabs bouteille dans l'Ouest du pays. Six cents kilomètres en 4 × 4, dont le tiers sur une piste défoncée. La place la plus confortable pour le siège et pour les yeux lui était réservée. Il n'a pas perdu une miette du voyage. À cette époque, il était encore sensible à ce qui l'entourait. Nous avons joint nos mains sur le tronc du « baobab amoureux », double tronc enlacé, énormes branches enchevêtrées. Je me suis imprégnée de sa force. Puis trois jours loin des soucis au bord de l'océan. J'ai déposé dans les vagues le poids des mois qui venaient de s'écouler. Daniel s'est perdu sur l'immense plage. Folle d'inquiétude jusqu'au moment où j'ai aperçu sa chemise blanche qui se détachait au milieu des peaux noires des jeunes pêcheurs qui s'étaient trouvés un Dadabé. Grand-père malicieux ravi de nous présenter ses amis et fier d'être à l'origine d'un délicieux dîner de poisson sur le sable.

Ses chutes fréquentes inquiétaient notre ami médecin. Nous arrivions à la fin de nos réserves du médicament destiné en principe à les stopper. Je n'y croyais plus depuis longtemps mais je n'osais pas prendre seule la décision d'interrompre ce traitement imposé pour ce qui avait été identifié comme des « crises comitiales ». Rendez-vous pris avec un neurologue malgache. Le plus clair, le plus intéressant et bienveillant de tous ceux que j'avais rencontrés jusqu'alors. Il m'a demandé de décrire très précisément les circonstances de ses chutes, son comportement pendant et après, pour en conclure qu'il s'agissait de « crises d'atonie », que le traitement prescrit était non seulement inadéquat mais nocif. Nous devions tous accepter qu'il n'existe aucun remède à ce mal.

Nos relations avec l'association Alzheimer locale ont été charmantes mais ambiguës. La présidente, femme énergique et entreprenante, se dévouait tout entière à sa mission depuis le décès de sa mère victime de cette maladie. La maison de celle-ci dans la banlieue de Tananarive, entourée d'un jardin, avait été transformée en lieu d'accueil de jour pour une dizaine de patients. Une forme de gardiennage intelligent. Elle rêvait de mieux, disposait d'un magnifique projet virtuel d'établissement dessiné par un architecte inventif, mais d'aucune perspective de crédits. Nous avons un peu rêvé ensemble, mais très vite j'ai compris qu'elle surestimait mes capacités d'intercession auprès d'organismes financiers. Je me sentais à peine à la hauteur de ma mission amoureuse auprès de mon mari. Je n'imaginais pas me transformer en ambassadeur d'une cohorte de ses semblables. J'ai croisé dans ce jardin, car tout se passait sous le manguier, pas mal de personnes avec lesquelles j'aurais pu partager un bout de vie, d'espoir et de projet. Malgré nos points communs, je percevais auprès d'eux, comme avec d'autres, une distance subtile, une faille impossible à combler. J'ai pris conscience d'un phénomène trop tabou pour avoir été exprimé par tous les interlocuteurs qui m'avaient vanté l'île et ses capacités d'accueil. Un racisme rampant, une insularité spécifique qui n'était sans doute pas perceptible pour les gens de passage ou ceux qui y vivaient à l'abri d'un statut officiel. Mais moi, j'étais en première ligne, funambule sans balancier ni filet, portant sur mes épaules une lourde charge. En venant ici, j'avais idéalement transposé mes expériences africaines et indiennes de l'hospitalité sacrée. Sur l'île, seule la famille prime. Nous ne sommes jamais entrés dans une maison de purs Malgaches, même chez ceux qui nous faisaient de grandes démonstrations d'amitié. Je les ai reçus souvent, sans retour.

Nous avions une maison, un jardin où l'on pouvait voir de jour en jour pousser les arbres et grossir les fruits tant ici la nature est prodigue. Nous étions enfin en possession de nos visas de séjour pour deux ans. Je m'obstinais à faire des progrès en malgache. Daniel continuait à s'épanouir. J'étais désespérément seule. Nos enfants, nos amis me manquaient. Chaque coup de fil était une joie et un déchirement. Je me surprenais à rêver de retour. L'Histoire a pris la décision à ma place.

On nous annonçait la saison des cyclones, c'est la guerre civile qui a fait exploser le pays. Les prémices étaient perceptibles depuis quelques mois. J'étais venue pour la première fois en mai. Mi-septembre le changement dans l'air était palpable, tension électrique, agressivité à fleur de peau. Les manifestations devenaient plus fréquentes et plus violentes, l'affrontement des deux camps politiques porté au grand jour. Jusqu'à ce samedi sanglant où les soldats de la garde présidentielle ont tiré sur la foule sans sommation. Des centaines de morts, tués net d'une balle en plein front. Tirer pour tuer.

Je me sentais comme un fétu de paille dans la tourmente. J'allais regarder les informations chez mon voisin le général en retraite qui n'osait ni commenter les événements ni me conseiller, comme si ses murs avaient été truffés d'oreilles. L'ambassade de France débordée était muette, mais Daniel, ressortissant suisse, était suivi de très près par la sienne. Chaque nuit je recevais des textos alarmants : « Restez chez vous demain, n'allez pas dans le quartier d'Ambohijatovo », mon préféré, là où j'avais mon cybercafé tenu par un Chinois et Daniel son bistrot où il m'attendait pendant que je maintenais un lien ténu avec le reste du monde grâce à Internet. L'attachée d'ambassade, soucieuse de notre vulnérabilité, me téléphonait souvent et m'assurait qu'elle dormirait tranquille lorsque nous serions dans l'avion. C'est vrai que la vie était dure et incertaine, mais je ne voulais en aucun cas rentrer dans la panique des rapatriements. Le courage va se loger dans de bien petites choses. J'avoue que je redoutais plus à ce moment-là d'affronter en France les rigueurs de l'hiver que celles qui nous étaient imposées ici par la disette. Les centres commerciaux avaient été pillés et incendiés, ainsi que les entrepôts du président qui avait le monopole de tous les produits laitiers, de l'huile et de bien d'autres denrées. Le prix des œufs avait quadruplé. Seul le riz était encore accessible. Daniel ne se plaignait pas d'en manger tous les jours accommodé, selon mon imagination et mes trouvailles, de bananes, ananas ou de « brèdes », feuilles comestibles cueillies sur les arbres ou ramassées dans les champs avec mes voisins. Le soir, nous dégustions à la chandelle des tartines de confiture de « pok-pok », unique régal gastronomique que je pouvais encore me procurer. Mais je me demandais combien de temps encore j'allais pouvoir lui jouer *La vita è bella* en le protégeant de tout ce chaos.

Vieux journaliste parcheminé, Émile était largué par la vitesse des bouleversements qui chahutaient le pays. Il promenait sous son bras un manuscrit, œuvre de sa vie. Le sujet historique relatait par le détail les épisodes tragiques de 1947 : un soulèvement qui a été réprimé au prix de milliers de morts. Nous avions fait sa connaissance dans le bistrot du cyber, où nous avions parlé livres et édition. Daniel se trouvait à ses yeux tout auréolé de la gloire de celui qui a été publié. Son nom sur une couverture était pour notre ami une garantie d'immortalité. Il ne s'était pas très bien rendu compte de l'état de Daniel et l'appelait « professeur ». Si ce mot n'avait plus beaucoup de sens pour lui, le son de sa voix quand il le prononçait lui rendait une dignité perdue.

Le coup de fil d'Émile a marqué une étape dans l'ascension de la paranoïa ambiante. Il avait des choses graves à me dire et m'a « convoquée », seule, avec force précautions oratoires à un rendez-vous qui devait rester discret. Il ne pouvait m'en dire plus au téléphone de peur d'être sur écoute. Sans préambule, il m'a annoncé que nous devions quitter le pays au plus vite. C'est moi qui étais visée. J'avais appris le malgache, me déplaçais par les moyens populaires et j'étais donc suspectée d'infiltrer la population. Je courais le risque d'être soupçonnée d'espionnage pour le compte des Français qui, semblant soutenir l'opposant, étaient dans le collimateur du pouvoir en place. Il me traduisit des articles d'un journal local pour étayer ses affirmations. Je pense que je l'ai déçu. Il tenait un scoop et pouvait faire l'important. La révolution mettait le pays à feu et à sang, et moi, Mata Hari d'opérette, je me moquais éperdument de ses annonces qui auraient dû m'effrayer. Néanmoins, j'aurais été imprudente de ne pas les recevoir comme le signal du départ. Une fois de plus, j'étais allégée du poids d'une décision qui de nouveau remettait toute notre vie en cause. J'ai fait un clin d'œil à « l'ancêtre ». C'était peut-être vrai qu'à sa manière il veillait sur moi.

L'état de Daniel me préoccupait plus que tout et notre chaos intime prenait nettement le pas sur la tempête insulaire. Comment le lui annoncer ? Le préparer à un nouveau chambardement, un nouveau voyage ? Il acceptait tout ce qui se présentait avec une indifférence heureuse, mais j'étais incapable de sonder la profondeur de son attachement à cette vie-là, ni même s'il en éprouvait un peu. Est-ce intuition, sensibilité exacerbée à mes moindres émois ou expression d'une lassitude que, comme moi, il ne voulait pas avouer ? Le soir même de cet étrange rendez-vous, il m'a devancée sans manières : « On en a assez d'ici, on pourrait aller ailleurs. » Je suis encore étonnée de ce que j'ai ressenti alors. Je n'aurais dû éprouver qu'un immense soulagement : il était plus près que moi du départ. Pourtant une angoisse m'a saisie. Neuf mois et il avait déjà envie d'ailleurs. La roulotte que je promenais dans mon imaginaire serait-elle assez vaillante pour nous emmener plus loin ? Combien de fois allais-je devoir enfanter d'un nouveau projet pour voir encore briller ses yeux ?

> *... et que je ne demande pas l'apaisement de ma souffrance, mais le cœur qu'il me faut pour la surmonter.*
>
> Rabindranath Tagore
> *La Corbeille de fruits*

Sois en paix, mon amour, j'ai cessé de te stimuler. Jamais plus je ne ferai appel ni à ce mot qui sent la tauromachie et les expériences de laboratoire sur les souris, ni à ce qu'il implique. Pourquoi continuer à aiguillonner ton cerveau brouillé ? « Foutez-lui la paix », avait dit le premier médecin de notre chemin de croix. Trois années de recherches et d'inventions, d'horizons nouveaux, de sollicitations de toutes sortes, pour que, finalement, je commence à admettre qu'il avait raison.

J'ai toujours eu peur de mourir de désœuvrement. J'ai trop attendu de toi, trop demandé, trop exigé. Le chaos de ta maladie, mon refus de l'accepter ont insidieusement fait glisser notre histoire d'amour de « l'agréable dégustation à la boulimie affective », comme le dit si joliment Boris Cyrulnik. Mon beau mirage des « neurones de l'amour » est en train de s'évanouir. Tu n'en veux plus depuis longtemps de mon désir incessant de faire et de défaire, de construire et de réaliser des projets qui se sont les uns après les autres fracassés contre ta résistance douce, puis passive, et enfin ton effacement.

Aujourd'hui tu tiens ta revanche. C'est toi qui me harcèles, qui me tyrannises. Tu refuses que je fasse un pas sans toi. Tu ne supportes pas que je parle avec quelqu'un d'autre que toi. Tu t'interposes entre les autres et nous. Tu les repousses. Tu éteins la musique que j'écoute. Tu me prends des mains le livre que je viens d'ouvrir. Tu exiges que je me couche en même temps que toi, tu me réclames, tu te plains jusqu'à ce que j'abandonne tout pour te rejoindre. Tu veux seulement que je reste assise à côté de toi, main dans la main. Tu es devenu mon guide aveugle vers les ténèbres. Je suis devenue l'otage de ta maladie. Je suis ta prisonnière.

Privée du camp de base que tu m'avais assuré pendant tant d'années, je me suis lancée pour toi et avec toi dans des aventures condamnées d'avance. Ce retour en France sans destination précise me laisse désarmée. Je suis à court d'imagination. J'ai eu besoin de reprendre pied, de retrouver ceux que nous avions laissés en partant si loin et qui m'avaient tant manqué. Le brouhaha des informations contradictoires à propos de ta maladie, ce qu'il faut faire, et surtout ne pas faire, ce qu'il faut manger, ce qu'il faut à tout prix éviter, ce qu'il faut croire et ne pas croire, les annonces de découvertes, les molécules ravageuses, les trouvailles imminentes qui avaient prospéré pendant notre absence ajoutent à ma confusion.

Je persiste dans le souci de te protéger, de t'offrir ce que tu aimes : regarder défiler des paysages, marcher, bouger. Je t'emmène partout avec moi au gré des retrouvailles avec ceux que j'ai besoin de revoir. Mais tu ne t'intéresses plus aux autres. Moi seule existe pour toi. Je sens bien que tu m'enfermes. Prudemment, avec tout le tact et la délicatesse qu'on reconnaît à mon entêtement, on commence à m'alerter sur les risques que je prends, sur ce courage insensé qui court à notre perte. Mais je ne suis pas encore prête à l'entendre. J'ai envie de t'accompagner dans ce néant douillet où lentement tu te dissous. Je m'obstine à inventer notre mythe, je cherche encore un refuge pour nous deux, à l'abri d'un monde que tu as fui et où je ne trouve plus notre place.

Mais la crise est arrivée. Le crash qui va m'obliger à atterrir, à endiguer la tornade amoureuse que j'entretiens autour de toi depuis trop d'années. Crise violente. Paroxysme de ton refus des autres, tu as mal supporté qu'on s'occupe de moi. Une journée entière tu m'as harcelée, quand je parlais, quand je lisais, quand je me reposais. As-tu senti que nos amis, préoccupés de ton état et de ton comportement à mon égard, commençaient à me secouer pour que je sorte de ma torpeur ? Ils m'exhortaient à abandonner mes chimères, à affronter la réalité. Ton intuition a-t-elle anticipé avant moi l'inévitable séparation ? Pendant la nuit, tu t'es accroché à mon cou, et tu l'as serré au point de m'étouffer. Tu délirais. Tu voulais te lever, marcher. Tu tombais. Je ne pouvais ni te retenir ni t'aider. Ta tête heurtait violemment le sol. Tu te blessais, tu te mutilais. Au matin, notre chambre était un champ de bataille. Ton ultime combat. Traces de ton sang sur le sol. Sillons rouges sur mon cou et mes bras. Tu étais hagard, chancelant.

Cette fois il a bien fallu que j'accepte l'ambulance. La famille nous a aidés dans ce retour précipité. Un hôpital imprévu, un médecin inattendu ont croisé notre route et en ont définitivement modifié la trajectoire. C'était l'été, la désorganisation des vacances. Plus pour me donner un peu de répit que pour te soigner, tu as été accueilli dans un service où tu n'avais rien à faire. Le médecin qui t'a examiné était lui aussi en transit. Croisement de trajectoires. Ta maladie n'était pas sa spécialité, mais il l'avait côtoyée. Je l'ai senti dans sa manière de me parler, en homme de cœur plus qu'en homme de science. L'humanité et la force de son discours provenaient de plus loin que d'un simple diagnostic. Ses paroles sont définitivement gravées en moi.

« Son atteinte est la pire de toutes les formes apparentées à la maladie d'Alzheimer, cessez de vous raconter des histoires… Oui, il peut exister une migration des fonctions cérébrales d'une région à une autre permettant une réorganisation, sinon une récupération, mais dans son cas c'est impossible, l'atteinte du cerveau est diffuse. Aujourd'hui la zone cognitive est détériorée, bientôt la motricité, la locomotion. Que ferez-vous de votre nomadisme ? Et vous ? Avez-vous pensé à vous ? S'il vous arrive le moindre pépin, que deviendrez-vous tous les deux ? Si vous voulez le protéger, trouvez-lui un placement adapté. C'est désormais la meilleure solution pour tous les deux… Renseignez-vous, il en existe dans la région… »

Sur notre route, vous avez été celui qui a prononcé les mots les plus douloureux. Vous avez incarné le visage du destin, endossé le rôle difficile de la vérité. Mais c'est votre humanité qui à mes yeux vous a rendu crédible. Merci docteur. Là s'arrête votre mission. Ici commence ma reddition.

Boucher mes oreilles, bloquer mon esprit, fermer mon cœur. J'avais écouté, j'avais compris la gravité de la situation. Je refusais toute éventualité de séparation par un placement. Mon amour, nous sommes au bout du chemin. Impossible pour moi de t'abandonner dans un mouroir. Je préfère t'administrer moi-même une mort douce, une mort digne. Je suis prête à en assumer toutes les conséquences.

Une phrase avait pourtant ouvert une brèche dans ce mur de refus. Devenue ritournelle reprise en chœur par tous ceux qui m'entouraient. « Tout près d'ici se trouve un lieu qui s'est ouvert récemment. Il a été conçu, pensé et construit pour accueillir un petit groupe de patients atteints de la maladie d'Alzheimer. Il en existe encore peu en France de ce type... »
Cet endroit où les méandres de notre parcours nous ont conduits. Là, j'ai rencontré Marc, Jean, Marie-Hélène... et les autres.

« Une seconde chance de nous sauver tous les deux[1] » ?

---
1. Albert Camus, *La Chute*, Gallimard, 1956.

Troisième Partie

La part des anges

*Ce ne sont pas seulement les souvenirs qui sont oubliés,
mais de plus en plus les choses essentielles,
écrire, parler, marcher, manger, respirer,
et pour finir, comment rester en vie.*

Stefan Merrill Block
Histoire de l'oubli

Q UI EST CET INCONNU que j'ai connu ? Je vois double. Je ne peux superposer cette longue silhouette, pourtant familière de la casquette aux baskets, à l'homme qui a partagé ma vie pendant trente années. Je m'approche. Ses yeux s'allument. Il sourit : « C'est elle c'est mon homme non ma femme elle est là ! » Comme au temps de mes retours de voyage quand il connaissait le numéro du train, du quai, de la voiture, il m'ouvre les bras. Il me tient serrée contre lui. L'espace d'un instant, moi aussi j'oublie tout. Pas longtemps. On me tire par la manche, on me bouscule légèrement, des voix se mêlent : « C'est beau l'amour… On la connaît pas celle-là… » Un éclat : « Salope. » J'ouvre les yeux. « Ils » nous entourent. Daniel toise le petit groupe : « C'est mon homme, elle est là », avec fierté, une nuance de défi dans la voix. Il n'a pas lâché le livre qu'il promène avec lui depuis son arrivée. Des blouses blanches avec un liséré bleu, orange ou jaune passent dans mon champ de vision. Des femmes en vêtements colorés, des hommes soignés me questionnent « Vous venez d'où ?… Tu es qui toi ?… Vous habitez ici ? »

La bulle du couple éclate brutalement. Transmutation de ce « deux » unique, jusque-là sauvagement préservé, en une multitude d'êtres tentaculaires qui l'absorbent, lui, et m'éjectent.

Désormais le « nous » explosé doit transiter par ce lieu et par « eux ». Une maison de brique, de bois et de verre. Ouverte de l'intérieur pour les accueillir « eux », les soignants et les résidents. Fermée de l'extérieur pour les protéger.

Daniel tient encore ma main. Je les regarde tous, je prends contact et je sais que je vais devoir m'entraîner à distinguer, reconnaître, apprivoiser tous ces visages enjoués, hostiles ou angoissés. Mais sitôt quittés, je vais, au-dehors, tenter de reconstruire un univers qui soit le mien. La place dans le monde que nous avons perdue ensemble, je vais devoir la trouver seule. Une nouvelle route succède à l'abrupt et court chemin que j'ai dû parcourir, de la décision d'une « solution humainement acceptable » à ces premières retrouvailles. Déjà séparés depuis cinq jours, seulement ! Une éternité.

*

il y a urgence
un monde entier se meurt qui est le mien
monde à sauver de l'efface
à décrocher de sa gangue, à pénétrer vers l'amont

*

« urgent urgent cris j'aime pas le bruit les cris il sait tout il est belle c'est le gars le plus belle que je connaisse j'aime pas les cris j'aime pas l'eau qui coule sur sa figure »

*

douce tes yeux de lumière en crue
sont devenus ma source unique

*

« je la connais bien là ça fait boum boum quand je vois ses dents mais pas l'eau on se connaît depuis longtemps donne moi pour fumer là c'est bon tous les deux assis la fumée son main »

*

par une force abondante de trop de douleurs emplie
une source naîtra : déjà le tumulte l'éclaire
le creux du cri libère ses frêles notes

*

Poèmes d'avant, paroles d'aujourd'hui. Il avait donc tout écrit, tout dit, avant que le naufrage ne l'engloutisse. Avant qu'il ne lui reste que ces bouts de phrases hachées, morcelées, malmenées et qui, pourtant, disent ses émotions, ses joies, ses troubles. Clament ou murmurent qu'il est toujours vivant.

❧

Aux yeux de tous, médecin, famille, amis, l'évidence de nous séparer s'imposait. Je craquais.

« Chronique d'une séparation annoncée » : un parcours chaotique d'espoir, d'angoisse et de culpabilité. Longues journées qui ont passé trop vite. À me torturer, est-ce que j'ai bien fait de prendre cette décision ? À me conforter, je vais avoir du temps pour moi. À ranimer mes désirs, je vais pouvoir reconstituer cette part manquante de moi-même, abandonnée au cours de ces années consacrées à essayer de le sauver. À me surprendre à espérer, je vais peut-être revivre. Je deviens mon propre tortionnaire. Et du même coup ; le sien, puisque mon tumulte intérieur finit par exploser en cris, en larmes, en mots que je n'aurais pas voulu dire et qui obstruent la voie de ceux qu'il serait temps de prononcer pour lui expliquer. Pour le préparer.

Il déteste ce tumulte. Mes cris, mes pleurs l'angoissent. Je le sais. Il ne peut savoir, lui, de quelles profondeurs ils jaillissent. Mon désir de survivre, ma peur de le perdre. Ce matin, il a tambouriné sur la porte de la salle de bains, secoué la poignée, appelé : « Tu es là, tu es là ? », sans violence, doucement têtu. Une plainte lancinante qui me déchire le cœur et me vrille les oreilles. Alors j'ai ouvert cette maudite porte et j'ai déversé le torrent d'angoisse qui m'étreint. Culpabilité et douleur appellent l'urgence. Un SOS lancé au ciel, aux dieux, à ma conscience. J'ai crié, urgent, urgent, urgent qu'il parte ! Qu'on nous sépare. Qu'on m'accorde un peu de temps, juste le répit d'une douche tranquille. Il exige ma présence. Dès que je disparais de sa vue, il me cherche, m'appelle, cogne les portes qui m'isolent jusqu'à ce qu'elles s'ouvrent. Pour finir, il gagne toujours, et aujourd'hui j'ai encore craqué. Je n'aurais pas dû. Il nous reste si peu de temps.

Nomades nous étions tous deux depuis le début de sa maladie. Il s'en allait vers un ailleurs et moi je ne trouvais plus notre place nulle part. Essais décevants, folles équipées, aucune fuite n'a pu conjurer ce mal qui nous a rattrapés.

*

tombé d'une main distraite
ce dé qui roule hésitant
sans hâte mais
sans halte aucune

dessine une imprévisible
route vers l'avenir
inévitable et nécessaire

*

Les dés sont jetés. J'ai signé l'arrêt de notre vie à deux. Daniel a une place dans une unité spécialisée. Pour « patients désorientés », comme le veut notre jargon convenable, auquel je préfère le vert langage des adolescents qui interpellent familièrement ceux qui « sont à l'ouest ». Toujours attentives à édulcorer les mots, nos convenances sociales parlent d'admission, comme dans un cursus scolaire. À mon grand soulagement, j'ai plutôt le sentiment qu'il va être accueilli.

Foin de « l'unité », c'est une maison ronde, traversée par la lumière, ouverte sur les champs et les vignobles qui l'entourent. Chose inhabituelle, j'ai moi aussi été accueillie et écoutée. On m'a raconté la vie ici, une vie aménagée pour prendre soin de ces exilés d'une société qui ne peut plus ou qui ne sait pas encore assumer leur état. J'ai découvert un camp dont les réfugiés sont désormais à l'abri de nos peurs face au mystère qu'ils nous opposent.

Énigme que les soignants ont choisi de côtoyer sans forcément la comprendre. Ils ont pris le parti d'accompagner des personnes plutôt que des malades, d'accéder à leurs souffrances, à leurs désirs, à leurs goûts, à leurs demandes, sans nécessairement chercher à les expliquer.

Ici, disent-ils, il y a une « maladie d'Alzheimer » et quinze personnes.

Chacune est arrivée avec son histoire trouée, sa mémoire mitée. Chacun exprime des besoins différents. Langage corporel, gestuel, verbal qu'il faut apprendre à déchiffrer, à interpréter pour apporter une réponse adaptée aux cris, aux pleurs, au refus de manger ou de se laver, à l'agressivité, à la violence, à la détresse. Les observer et respecter leurs silences, leurs absences. Répondre à leur besoin de tendresse, tenir leur main, chanter, danser et rire avec eux.

Équipe soignante qui parie sur la vie. Équipe gagnante qui mise à tout coup sur le bien-être. « Nous sommes ici à leur service. C'est à nous de nous adapter à eux. À eux de nous imposer leur rythme. S'ils veulent dormir un peu plus longtemps. S'ils ont besoin de marcher ou de manger la nuit. Ce n'est pas la pendule qui va déterminer l'heure de la toilette, c'est notre attention à leur état du moment. S'ils refusent, ce n'est pas forcément un caprice, ils ne sont pas prêts ou un peu plus fatigués ce matin-là. Inutile de leur imposer une souffrance inédite, un conflit qui va retentir sur toute leur journée. Ils se laveront demain... »

Le secret, l'art ou la méthode, c'est d'établir avec chacun une relation individualisée. En écoutant, en s'informant, en observant, on voit affleurer des morceaux de leur histoire. Anecdotes rapportées par les proches, lambeaux surgis au détour d'une phrase, d'une crise de larmes, d'un éclair de lucidité. Ces pièces de puzzle précieusement recueillies vont contribuer à connaître chacun d'eux. À cerner leurs aires de souffrance pour les épargner. La connaissance du passé est un fertilisant de l'action d'aujourd'hui.

Car ici, on parle « projet de vie ». Un malade n'est pas déposé là, à la consigne, en attendant la fin. On élabore pour lui un projet, « qui vit au jour le jour », explique Isabelle, une infirmière de l'équipe. Un projet à la mesure d'une existence morcelée mais rassemblée autour des fragments qui subsistent. Projet qui sera remis en cause autant de fois que nécessaire avec la volonté aussi humble qu'opiniâtre de donner du sens à chaque vie telle qu'elle est devenue et telle qu'elle évolue sans cesse.

Moi qui redoutais tant d'abandonner Daniel dans un mouroir, voici que le mot « vie » est la clé de voûte de la maison qui l'accueille, le fil invisible qui tisse les instants et les activités.

*

*c'est à mourir de vivre
et trépasser vers naître*

*

Que je pleure, que je crie ou que je me taise, il a fini par arriver ce moment décisif.

Ce jour où l'on sait que la vie bascule et qu'il n'y aura plus d'échappée belle. Plus le moindre sursis à dérober au destin et savourer en douce dans un recoin secret du monde. Je peux bien faire tourner le globe sur le bout de mes doigts, c'est un point invisible, un endroit minuscule dans ce coin de Jura qui va abriter la fin de notre vie à deux.

Là, au creux de ces collines doucement ondulées, couvertes de vignobles qui dévalent les pentes ensoleillées jusqu'aux bouteilles trapues gardiennes d'un nectar ambré, le vin jaune. Depuis le XIe siècle les vignerons du pays cultivent avec fierté un cépage aux origines mystérieuses, le savagnin. Il a donné lieu à de belles légendes, des religieuses hongroises auraient utilisé les mouvements de troupe des croisades pour faire passer des plants aux abbesses de Château-Chalon. Les analyses scientifiques ne retirent rien au charme de sa filiation, l'ADN du savagnin serait voisin de ce celui de la vigne sauvage. Six ans et trois mois de sommeil en fût de chêne sont nécessaires pour que se développent, à l'abri d'un voile protecteur de levures, ses saveurs uniques au monde. Mais, tribut de la nature, pendant cette lente maturation, 38 % du liquide s'évapore. Lorsque le vin est prêt à être tiré, il ne reste que le meilleur. Le magma superficiel sera distillé pour le marc. Rien n'est perdu, hors ce prélèvement céleste, « la part des anges ».

❧

La barrière qui coulisse sans bruit pour laisser passer la voiture marque la ligne de franchissement définitive. Quel parcours pour en arriver là. Quelles révoltes et quels consentements. Nous, « les accompagnants », « les aidants », nous arrivons tous avec au cœur la même souffrance du fardeau et le même déshonneur de la capitulation. Nous pénétrons dans la zone de non-retour, déchirés par l'ambivalence insupportable de désirs contradictoires, être soulagé sans abandonner. La culpabilité nous ronge, la honte frémit à fleur de peau, les larmes nous brouillent la vue. Enfant dénaturé qui ne peut plus assumer son parent. Conjoint démissionnaire. C'est ainsi que nous nous sentons, harassés du chemin parcouru mais animés d'un regain d'énergie qui surgit au dernier moment comme la colombe du magicien sort de son chapeau. Si l'on fait un petit effort, si l'on s'en donne la peine, un ultime sursaut va nous permettre d'accomplir encore un bout de vie avec lui. Pour un peu on remettrait sa valise dans le coffre de la voiture, on l'installerait confortablement sur le siège arrière avec un oreiller derrière la tête et on prendrait la fuite. Retour à la maison, retour à l'inconfort, retour aux réveils angoissés, aux journées en charpie. Mais tout plutôt que cet instant. Et pourtant, nous poussons la porte vitrée, alourdis de l'appréhension qui nous fait redouter le premier regard, celui qui va stigmatiser notre indignité.

*
pousse la porte qui s'appuie sur le futur
qui plus ne peut vieillir
*

Des yeux verts comme l'amande fraîche, plissés par le large sourire du premier visage qui nous accueille, calment nos peurs. Apparemment, non, nous ne sommes pas des monstres. Rien ne laisse à penser que nous allons comparaître devant un jury. Ici, tout respire l'empathie, le plaisir d'une nouvelle rencontre, une joie de maîtresse de maison qui reçoit ses invités. Un comptoir de bois nous sépare mais le lien est créé. Une chose inestimable nous est alors offerte. Du temps. Temps d'écoute et de parole, mots qui apaisent. Marc, le directeur, nous parle, explique, raconte, sans chercher à proposer une consolation factice, inutile en cet instant. Pas de ficelle attachée à la pointe du cœur prête à être actionnée pour le faire vibrer à nouveau comme un pantin en panne. Tout a valeur d'exemple. L'attention qui nous est accordée témoigne concrètement de celle dont sera gratifié l'être qui va les rejoindre. Méfiez-vous de la première impression, disait Alphonse Allais, c'est souvent la bonne. Aphorisme qui mériterait d'être inscrit au frontispice de tous les établissements d'accueil.

*

tu m'accompagnes et tu es mon chemin
nomade heureuse
tu épouses les collines et les ravins
les torrents à sec
et les prairies soumises

*

« valises vêtements trucs objets tout dedans tout emporter encore une fois rouler bouger regarder c'est bon tout ça »

Daniel m'avait vue une fois de plus remplir une grande valise. Il voulait participer, jetant pêle-mêle tout ce qui lui tombait sous la main dans l'enthousiasme de pérégrinations à venir. Un nouveau voyage en perspective. Je n'avais pas eu le cœur de lui avouer que nous préparions le dernier. Quelles phrases étaient capables de se frayer un passage dans sa conscience embrumée jusqu'au mot indicible, irréversible ? Le plus redouté, le plus terrible qui soit dans le langage humain, le plus difficile à accepter. Que j'avais repoussé de toutes mes forces depuis plus de trois années. Séparation.

Un mot que je n'ai pas pu prononcer tant j'avais du mal à l'envisager. Cette réalité qui me terrifie et qui tourne dans mes pensées comme un carrousel obsédant.

Terminus. Nos chemins se séparent, tu vas rester et moi je vais continuer seule. Tu vas pouvoir enfin te reposer. Une dernière fois tu vas t'absenter et moi je vais prendre congé. Je n'assisterai pas à la lente disparition de ta conscience. Désormais, je vais enjamber ton déclin d'une semaine à l'autre. Je vais te retrouver en pointillé. Je ne vivrai pas à chaque instant les hauts et les bas de ta descente inéluctable vers l'éloignement définitif.

Alors j'ai lâchement choisi de me taire.

※

« le monsieur qui parle bien me regarde je vois ses yeux il est gentil il me dit des choses bonnes »

Marc lui parle doucement. Pour la première fois depuis le début de notre longue errance, pour la première fois, chacun de ses interlocuteurs s'est adressé à lui. Directement, en le regardant dans les yeux, sans passer par mon intermédiaire et sans faire semblant de l'ignorer. Est-il nécessaire d'être un prestidigitateur pour y parvenir avec tant de naturel ? J'écris ces mots aujourd'hui avec une sorte de honte mêlée à un sentiment d'invraisemblance tant il paraît absurde qu'une chose aussi simple ait pu m'émerveiller. Et pourtant je le répète encore et encore, pour qu'une chose aussi simple ne soit jamais oubliée par quiconque rencontrera un être dont la conscience est en perdition. Que l'on n'oublie plus jamais de lui parler normalement, comme à un humain à part entière, sans décider à sa place des mots qu'il pourra comprendre, sans le priver des yeux qui le regardent, d'une voix qui lui parle. À lui. À elle.

J'ai pu observer en instantané l'effet produit sur Daniel. Il s'est détendu, il a souri. Il a pu rendre son regard à son interlocuteur et ses yeux ont retrouvé l'éclat que mon angoisse contagieuse avait altéré.

Jean, l'infirmier coordinateur, nous accompagne. Ensemble, nous parcourons l'espace qu'il va devoir s'approprier : la grande pièce commune dans laquelle il côtoie pour la première fois ceux qui sont là, postés comme lui le sera bientôt, à la croisée de leur devenir incertain. Dans le patio central, nous avons goûté l'eau fraîche de la fontaine, respiré les plantes qui poussent en vrac au gré des saisons. Aujourd'hui, la lavande est encore en fleur, le romarin qu'il aimait tant sent bon. Nous avons essayé les chaises colorées, assis autour d'une table ronde. De la terrasse ouverte sur un grand pré herbeux et arboré, nous avons admiré les vignes déjà jaunies par le soleil d'automne. Les grilles de clôture sont loin, dissimulées par les hautes herbes.

*

partout chez toi, partout chez nous
nous entrons dans l'espace
de la lumière qui bouge

*

Je commence à me détendre, apaisée par l'harmonie du lieu, la gentillesse des uns et des autres, leur attention discrète aux émotions contenues, aux larmes retenues, au tremblement de la voix. Brutalement, celle de Daniel m'expulse de cet instant amnésique : « C'est beau, on va être bien ici tous les deux. »

*

tu viens douceur du visage
tu viens douleur du visage

*

Je lance à Jean un regard désespéré. En douceur, sans le brusquer, il reprend ses mots : « Vous, monsieur Huguenin, vous allez être bien ici. »

« il a dit monsieur c'est moi daniel je sais l'écrire je pourrais c'est pas la peine j'ai écrit beaucoup des pages toujours écrire y en avait trop dans ma tête c'est pour ça que tout est parti. »

Moment cuisant qui marque au fer rouge mon manque de courage. Je n'ai pas su trouver les mots pour le préparer. Dans une revue bien informée, j'ai lu ma condamnation : « Leur cacher une vérité pénible est un facteur aggravant. » Vous qui donnez de sages conseils, proposez-nous du « prêt-à-ne-pas-mentir » par lâcheté ou par omission, rédigez des manuels. Écrivez-les en braille pour que le bout de nos doigts touche une réalité que nos yeux ne veulent pas voir et nous envoie les mots que nous ne pouvons pas dire.

J'ai essayé de retarder le plus possible l'ultime confrontation avec son installation dans les lieux. Surtout distraire son attention et dévier mon chagrin : « Regarde la jolie salle de bains turquoise, la fenêtre ouverte sur les vignes, les tracteurs dans les champs. »

Je vide la valise, remplis le placard. Il le contemple, perplexe : « Que mes affaires là-dedans. »

Je lui propose de s'asseoir sur le lit. Son lit. Il tâte le matelas, l'oreiller : « C'est bon mais c'est trop petit pour nous deux tu vas dormir où toi ? »

Marie vient nous chercher pour le déjeuner et me sauve d'une réponse impossible. Je ne sais même pas, moi, où je vais tout à l'heure poser mon baluchon, mon oreiller, ma vie.

Une table est dressée pour nous en terrasse. Serviettes rouges, rouge le vin dans la carafe. Le soleil d'automne caresse nos visages. Tendresse de l'instant.

*

*midi soulève un pâle brouillard
où ton regard troublé s'égare*

*

« Manger oui des choses bonnes encore un petit peu un petit. » Rien ne trouble son appétit. Il mange, appliqué, silencieux. Concentré sur son assiette, il ne regarde personne, comme absorbé par ses pensées, « partir seul partir seul vivre ».

Il pose sa fourchette, lève les yeux vers le lointain et, d'une seule traite, à voix basse et monocorde : « J'ai compris, tu vas partir, c'est moi qui vais rester seul ici. »

Mais non, tu ne seras pas seul, regarde comme elles sont jolies ces jeunes femmes en blanc qui te parlent doucement comme tu aimes et qui acceptent en souriant que tu caresses leur visage en disant qu'elles ont de beaux yeux.

Marcher encore dans le parc. Fumer une cigarette ensemble assis sur un banc. Se tenir la main. Vivisection du temps, je suis comme le condamné qui le découpe en tranches de plus en plus petites, heures, minutes, secondes.

*

*le présent se savoure
aux lèvres de la soif*

*

On nous entoure. L'heure du départ approche. Composer le code. Franchir encore une porte qui va nous séparer. Marie prend sa main. Il lui sourit : « Tu as de beaux yeux. »

Puis il me regarde : « Tu reviendras ? » Oh ! comme j'aurais préféré qu'il se révolte, qu'il refuse, qu'il s'accroche à moi. Lui que la maladie autorise à tous les excès, j'aurais aimé qu'il dise ce que moi je n'osais plus crier. Mais il a dit : « Ici on peut vivre. »

*

l'envie de vie, le désir de dire
une lourde flamme
arrachée au bois sec

*

Oui, toi tu vas vivre. À l'abri du monde et de mes exigences. C'est moi qui suis morte... « pas tout à fait, comme l'épouvantail, du bois dans l'âme et de la paille aux mains[1] ».

*

seul le silence est immobile
et le mystère pénétrable
il suffit de ne pas
tourner la tête

*

Comme Orphée, je me suis retournée. Et comme Eurydice, tu as disparu. J'ai regardé dans la cour la grande bâtisse ouverte et un peu plus loin dans le parc la petite maison ronde et close. Dans ce lieu, on entre « Côté Cour » pour jouer son dernier acte ou « Côté Jardin » quand on a perdu son texte. Tandis qu'aux alentours les maîtres de chais surveillent attentivement dans les

---
1. Boris Cyrulnik, *Autobiographie d'un épouvantail*, Odile Jacob, 2008.

tonneaux du Vin Jaune à venir l'évaporation garante de sa qualité et de ses arômes, là on prend soin du meilleur qui subsiste chez ceux dont la conscience et les mots se volatilisent dans le ciel.

Depuis ce jour, je viens chaque semaine passer du temps avec Daniel et avec eux. Exploratrice en terre étrangère, je découvre la langue et les coutumes vernaculaires. J'apprends peu à peu à connaître leurs manies, leurs peurs, leurs obsessions. Joseph[1] et sa hantise du travail à faire. Rose et ses coloriages. Alice et ses injures. Anne la séductrice. Simone et ses éclairs de lucidité. Angèle et ses angoisses. Et tous les autres plus farouches dont je ne saurai jamais le prénom. Je me pose avec eux quand ils ont des activités de groupe.

Virginie anime une séance de psychomotricité. Un grand parachute bariolé en tissu léger est soulevé en cadence. Ils aiment le courant d'air qui les rafraîchit. Ils rient. Un ballon de plage circule de l'un à l'autre. Ils s'animent, se prennent au jeu, respirent et transpirent.

Daniel, qui semble avoir gardé le souvenir des profondes respirations enseignées par Mia sur la terrasse de Tananarive, inspire et expire en cadence. Il participe, plein d'entrain. « On s'amuse bien le ballon lancer attraper. »

À la fin de la séance, j'interroge Virginie. Question tout droit sortie du dehors, de là où il faut des résultats, de la performance. « Vous les voyez faire des progrès ? » Un grand sourire modeste

---

1. Tous les prénoms des résidents ont été changés.

accompagne la réponse : « Je suis juste là pour leur donner du bien-être. »

Quand on a renoncé au fantasme de la « guérison », on s'accroche encore à celui de « l'amélioration ».

En lisant un article irrévérencieusement intitulé « Alzheimer : la dépendance fait de la résistance[1] », paru dans le journal *Libération*, je constate que je ne suis pas seule dans ce cas. L'auteur relate l'expérience entreprise sur deux ans avec deux groupes témoins de patients atteints « à des stades modérés ». L'un a bénéficié d'un suivi complet et régulier, le second d'une prise en charge classique. La différence entre les deux n'est pas précisée, mais la conclusion est navrante : « L'aide d'un suivi et d'une prise en charge standardisés, réguliers et systématiques n'est pas suffisante pour retarder la survenue de la dépendance. » On s'interroge, on s'inquiète, deviendra-t-il un jour nécessaire d'obtenir des résultats pour continuer à s'occuper d'eux ? Pourrons-nous longtemps encore dire avec Virginie que seul compte « leur bien-être » ? Ces patients sont dérangeants. Quelle est cette nouvelle cause perdue ? Un miroir embarrassant pour notre société qui ne sait plus que faire de ces gens tombés du train en marche. Ces « malades impossibles » qui s'entêtent à décliner irrésistiblement.

Et voici qu'un psychanalyste iconoclaste nous parle « d'Alzheimer réussi et d'Alzheimer raté[2] ».

Réussi, Joseph qui m'aborde en déclarant : « Je suis un vieillard heureux. Je m'occupe de mon affaire. Les chaises sont éparpillées

---

1. Éric Favereau, *Libération*, 8 juin 2010.
2. André Chevance, *Alzheimer et le désir d'oubli*, Dunod, 2005.

dans le magasin, je m'en vais remettre de l'ordre. » Il range, balaie, frotte les tables avec l'énergie qu'il consacrait à ses meules de fromage. Il est de nouveau dans sa boutique, il se rend utile, il est content d'avoir du travail. Il s'est investi d'une mission, assurer la survie de l'affaire. Il a donné du sens à ce lieu, il est heureux. Mais lorsqu'il devient possessif et exclusif : « Ils me salissent mes portes en mettant leurs doigts dessus », la tentation de l'effraction est grande. Comment l'apaiser sans détruire l'univers qu'il s'est constitué et le mirage qui fait de lui ce vieillard heureux ? Le confronter brutalement à la réalité serait source d'angoisse intolérable. Rose aussi continue à travailler : « J'ai fait ça toute ma vie, je ne peux plus m'arrêter sinon je vais tomber malade », et montre fièrement ses piles de coloriages. Daniel me questionne sans cesse : « Tu travailles ? Tu travailles bien ? » et souvent il m'accueille en annonçant : « Tu ne vas pas pouvoir rester longtemps j'ai du travail. »

Mais qu'est-ce qu'ils ont donc tous avec le travail ? Moi qui ai passé une partie de ma vie de consultant d'entreprise à « travailler sur le travail », je m'interroge. Ce mot-là n'a pas été emporté dans le grand nettoyage des mauvais souvenirs. C'était donc si bien, si important ou tissé tellement serré avec la vie elle-même que sans lui elle risque de s'arrêter ?

Anne et Olivier passent de longs moments paisibles en se tenant la main, les yeux perdus au loin. « Anne c'est pas mon prénom mais ça fait plus moderne que l'autre », l'ancien celui qu'elle ne veut plus dire ou qu'elle a décidé d'oublier. Lorsqu'on la rencontre pour la première fois, soignée, cheveux teints, ongles peints, avenante, il faut un certain temps avant de comprendre qu'elle est « de la maison ». Seulement quand elle demande, dans ce lieu où il n'y a ni marches ni seuil : « Il faut monter ? On doit descendre ? » Anne qui ne sait jamais où elle est mais dont les « clignotants de séduction » fonctionnent encore allégrement. Olivier, qui propose à tout le monde : « Je te mets un coup de poing dans le nez ? », s'adresse à elle plein de prévenances. Il sort de sa poche un porte-monnaie défraîchi, compte quelques pièces et lui annonce fièrement : « Ce soir je t'emmène au restaurant, tu prendras ce que tu voudras, c'est moi qui paie. » En chœur ils refusent le goûter puisque ce soir ils sortent.

Quand Daniel se plaît à répéter : « C'est bon, c'est beau », est-ce une incantation pour couvrir une autre voix plus inquiétante ou a-t-il rejoint les rares élus de « l'Alzheimer réussi » ?

Il y a ceux qui ne se sentent pas concernés par les dégâts du vieillissement et les rejettent avec condescendance pour mieux les exorciser. « Regardez comme ils ont l'air perdu, je n'ai pas envie de devenir comme eux », me dit un jour Rose trop occupée par ses coloriages pour se laisser aller. D'autres ont oublié leur âge et réclament leurs parents. Une femme se découvre veuve et clame qu'elle vient de perdre son mari mort il y a dix ans. Une autre attend désespérément qu'on vienne la chercher, sursaute chaque fois que la porte s'ouvre, certaine que le nouvel arrivant est là pour l'emmener.

« L'Alzheimer raté, c'est lorsque le désir d'oubli ne suffit pas à abolir la souffrance réelle ou imaginaire[1]. »

C'est le masque de souffrance d'Angèle qui saisit la main à sa portée, la serre de toutes ses forces et répète comme une litanie : « J'ai peur, j'ai peur. » Angèle, je l'ai connue encore belle,

---
1. André Chevance, *op. cit.*

élégante, soucieuse de sa coiffure et fière de ses bijoux. Affirmée, autoritaire, toujours au bord de l'agressivité. Elle parlait beaucoup, de sa mère surtout : « Elle est gentille ma maman », avec un étrange rictus. Elle la réclame, elle l'appelle, elle va venir la chercher. Enjolivement acharné du souvenir ? Au fil des mois, l'agressivité se développe, les crises d'angoisse deviennent de plus en plus violentes. Elle se rue sur la porte qui n'a pas été refermée assez vite, on la retient, elle se roule par terre en hurlant. Ingérable par les soignants, insupportable pour les autres, elle est placée trois semaines en hôpital psychiatrique. Au retour, c'est un zombie, le héros lobotomisé de *Vol au-dessus d'un nid de coucou*. « Ils ont un peu forcé sur les calmants, dit la psychologue, ça reviendra. » Mais Angèle n'est pas revenue du pays de la chimie. Hagarde, mutique, voûtée, elle déambule en poussant devant elle une chaise pour assurer son équilibre. Elle ne la lâche que pour s'accrocher aux bras, aux mains, aux épaules qu'elle rencontre. Difficile de la décrocher, de peur d'ajouter de la douleur à sa souffrance. Les tranquillisants ont joué leur rôle, elle est définitivement calmée. Mais à quel prix ! Le traitement de choc n'a pas réduit l'angoisse mais bloqué ses manifestations dérangeantes. Ses pauvres neurones n'ont plus assez de flexibilité pour récupérer après des doses massives de calmants. Des psychothérapies spécialisées commencent à voir le jour. Mais on leur accorde moins facilement de budgets qu'à la pharmacopée tellement plus spectaculaire dans le traitement de l'angoisse.

Si les cris, les larmes sont une manifestation explicite de l'angoisse, que penser de ceux qui se taisent ? Parce qu'ils n'expriment rien, ne ressentent-ils rien ? Comment les comprendre quand ils offrent une surface lisse, l'impression d'être déjà ailleurs, dans un nouveau monde où l'angoisse ne régnerait plus ? Alors que dans celui où ils sont encore, chaque geste de la vie quotidienne peut la provoquer.

Intrigués par une perte de poids inexplicable, les soignants constatent qu'au cours des repas Daniel est agité : il se lève sans cesse pour retourner dans sa chambre ou s'éloigner des tables. Il fuit les rassemblements, redoute le bruit, évite ceux qui parlent fort. « Ils crient trop fort trop de bruit tout le temps toujours une qui crie. » Les soignants, qui connaissent son histoire, devinent là l'homme de réflexion qui avait besoin de silence pour se concentrer. Ils lui proposent de prendre ses repas dans sa chambre. Daniel est ravi, mange tranquillement et rapporte son plateau à la salle à manger. Au bout d'une semaine de ce régime, il a déjà repris un kilo. Mais voici qu'il s'est mis à uriner régulièrement dans le couloir et refuse obstinément d'utiliser les toilettes de sa salle de bains. En essayant de l'accompagner, Sylvie remarque qu'il jette des coups d'œil inquiets au miroir accroché sur le côté : « Un qui me regarde toujours là le connais pas. » Son reflet le dérange, cet étranger semble l'épier. Ensemble, Sylvie et Daniel découpent des panneaux de carton coloré, les décorent de fleurs et de lettres et les collent sur le miroir. Une mise en scène rassurante et joyeuse. Dès le lendemain, Daniel retrouve le geste qu'il s'était mis à refuser.

Pas de paroles mais un génie inventif et sensible pour calmer les angoisses. Plonger dans un nouveau langage, l'entendre, le traduire, en rire avec eux. Surgissent parfois des mots, des expressions incongrus, inattendus. Alice, qui d'habitude profère des injures et des insanités, se trouve un jour en veine d'amabilité. Elle accoste une visiteuse dans le couloir et s'extasie : « Vous êtes belle comme… » Le mot gentil manque à l'appel, elle lève les yeux, un panneau vient à son secours : « … Vous êtes belle comme une sortie d'urgence. » Ouf, l'honneur est sauf, elle est arrivée à la fin de sa phrase.

Les mots font défaut, mais les émotions sont là. On fête l'anniversaire de Daniel, on lui tend le gâteau allumé de bougies. En s'essuyant les yeux, il s'étonne : « J'ai de l'eau qui coule. » Une femme qui ne reconnaît plus son mari depuis longtemps murmure un jour en le voyant franchir la porte : « Voilà bougon. » Toute une histoire de couple qui affleure dans ces deux mots. Des réflexions aussi pleines de sagesse. Chaque matin, un membre de l'équipe change la page du calendrier, Joseph l'interpelle : « Vous aimez vous voir vieillir. »

Mots charriés par la mémoire en crue, qui se déposent ou se fracassent au gré des émotions, des événements. Petits cailloux de bord de route, fragments explosés d'une météorite inconnue, pierres de lune ou scories d'une vie en fusion. Tout est pépite. Surtout ne rien négliger, tout ramasser, tout examiner jusqu'à en faire jaillir du sens. Dans la poche de sa blouse, Christelle garde un carnet dans lequel elle écrira au vol un mot attrapé, un geste, une mimique. Si des urgences ne lui permettent pas de s'y attarder maintenant, elle le regardera le soir ou le sortira en réunion. Chacun amasse ses trésors et les partage avec les autres à l'heure de la relève. Dans l'intensité de cette vie qui s'écoule loin des considérations neurologiques et médicales, on ne suit pas des malades, on accompagne des personnes. Tous ont la ferme croyance que malgré et au-delà de toutes les pertes apparentes subsiste une zone indemne. À chaque instant, c'est « cette part intacte de leur âme » qu'ils cherchent à contenter.

Musicothérapeute, Nadine orchestre « l'enveloppe sonore », le cocon à l'abri duquel ils se remettent à vibrer. Entraînés par l'accordéon, ils entament le refrain d'une vieille chanson, et ceux qui ne trouvent plus les mots pour s'exprimer se lancent sans hésitation et sans erreur, d'une voix ferme et assurée. S'invitent alors de purs moments de bonheur. Le passé et l'instant présent se réconcilient dans une plongée sans rappel et sans nostalgie. Résurgence d'une rivière souterraine, le flot des phrases et des rimes jaillit comme une source claire. Le souffle de l'instrument réveille aussi les corps. Danser sur des airs de musette la valse, le tango, la polka. On pousse les tables, on aligne les chaises. Elles se lèvent, s'élancent au bras les unes des autres au rythme de la musique. Les hommes préfèrent battre la cadence ou s'emparer du micro comme celui qui ne parle plus mais ne rate jamais une occasion de chanter. Ceux qui ne bougent pas pianotent en cadence sur les bras du fauteuil. Les yeux brillent, les rires fusent, les membres se délient. « Une grâce, une échappée dans la pureté de l'instant[1]. »

Mais dans quelques années, lorsque les générations se succéderont, ce n'est plus l'accordéon qui réveillera les cœurs engourdis. Les accords de guitare, le vibrato du saxophone, les pulsations de la batterie palpiteront à leur tour dans ces autres mémoires. Pour retrouver le rythme de la danse, c'est Sidney Bechet et The Platters qui donneront le tempo. On n'entonnera plus en chœur *Le Temps des cerises*, *Le Petit Vin blanc* ou *La Madelon*. Joe Dassin,

---
1. André Chevance, *op. cit.*

les Beatles et les Rolling Stones feront leur entrée dans les maisons de retraite. Les paroles des *Champs-Élysées*, *Let It be* ou *Satisfaction* resurgiront des lèvres trop souvent fermées. Une fois de plus, le lieu devra s'adapter aux exigences du temps qui passe.

*

rien à craindre, à n'en pas douter
la vie n'est qu'un sursis savoureux
un sursaut solitaire enserré
dans les cordes tendues de la mort

*

Cependant le travail de sape poursuit inexorablement son œuvre. De semaine en semaine je vois la place laissée vide par les fragments absents. Dans les premiers mois, Daniel se promenait toujours avec un livre à la main. C'était son signe distinctif, son image de marque. Il se posait pour lire. Il me raconte non sans fierté qu'un soir ils ont lu ses poèmes à voix haute : « Après ils ont frotté les mains pour faire du bruit. » Applaudissements, reconnaissance, il me montre la couverture de son recueil, écornée, décolorée tant il l'a manipulée : « C'est moi, c'est écrit là. » Il n'y a pas si longtemps, feuilletant son grand livre sur Venise : « C'est beau, j'aimerais connaître celui qui l'a écrit. » Il acceptait de s'asseoir avec moi pour que nous lisions ensemble. Son préféré, un beau livre illustré de gravures japonaises, quatre saisons d'esquisses et d'écriture poétique : « C'est elle qui me l'a donné, la belle », et il fait le geste de mimer les longs cheveux d'Emmanuelle. Il réagissait encore au prénom de nos enfants. Images d'hiver, la silhouette d'un skieur ranime un souvenir d'enfance, il murmure : « J'ai fait ça moi, j'étais petit, je savais. » Je continue à lui apporter de nouveaux livres jusqu'au jour où il déclare : « Ça suffit j'ai tout lu je sais tout. »

Depuis, ses livres sont soigneusement empilés sur la table de sa chambre. Reliques d'un passé perdu, personne n'a le droit d'y toucher.

Au début, j'avais toujours l'impression qu'il m'attendait. Il marchait vers moi, me tendait les bras et disait en riant à tous : « C'est elle » et selon les jours : « C'est mon homme » ou : « C'est ma femme. » Il me regardait attentivement et affirmait : « Tu vas bien hein, tu vas bien ? », comme pour se rassurer et surtout sans attendre la réponse. Maintenant, lorsque j'entre, je l'aperçois à l'autre bout de la pièce errant indifférent au milieu des autres. Avec cependant une constante vigilance en direction de sa chambre, il surveille la porte. « C'est chez moi. Elles entrent tout le temps. » Celles qui se trompent de porte, celles dont la curiosité est excitée par le barrage qu'il leur oppose. Il a délimité son espace privé et il le défend contre tous, il faut parfois attendre qu'il soit occupé ailleurs pour y faire le ménage.

« Chez moi, à moi. » Un ultime sursaut d'identité, de propriété, un périmètre personnel qui garantit son refuge. Il lui est arrivé d'utiliser le banc du couloir comme siège des toilettes. Pour agrandir ou marquer son territoire ? Mais lui jamais ne se trompe de porte.

Désormais, qu'il somnole ou qu'il déambule, mon intrusion dans son absence le force à remonter de profondeurs de plus en plus opaques. Je suis un pêcheur en haute mer. Avec filet et harpon, je le ramène à la surface. Alors je lui ménage des paliers de décompression. Je m'avance lentement jusqu'à lui, je touche sa main, son bras, son visage s'il est endormi. Il cligne des yeux qui s'allument un peu : « Ah, c'est toi ? » Il lui arrive encore d'esquisser le geste de m'ouvrir ses bras, mais il ne va pas jusqu'au bout. Ses mains retombent, inertes. L'effort est trop grand.

Est-il définitivement « ailleurs » ? Un jour, pendant l'été, vacances, départs, des têtes nouvelles, quelques problèmes dans l'équipe, l'ambiance a changé, un malaise à peine perceptible, moins d'entrain, moins d'activités, plus de regards perdus, d'errances. J'en parle librement avec une aide-soignante. Daniel est assis à côté de moi, paisible, les yeux perdus dans le vague. Tout à coup, il laisse tomber ce commentaire : « On se demande si c'est bien sérieux tout ça. »

Sensibilité exacerbée, pertinence du propos ou bel hasard ? Des phrases lâchées dans le vide de notre compréhension, réflexions venues d'un trop-plein de signification pour eux. Un monsieur qui déambule en permanence, concentré et affairé, se plante devant moi : « Il en faut combien ? » Vite un bout de phrase comme ça, pour ne pas l'abandonner sans réponse : « Deux, trois. » « Je ne pourrai pas tenir tout ce temps-là. »

Pardon, c'était quoi la question ? Pardon de n'avoir pas pris le temps de comprendre. De quel monde inconnu et angoissant a-t-elle surgi à la rencontre du premier venu ? C'est tout un art d'apprendre à dialoguer avec eux. Avec l'expérience attentive, on doit parvenir à traduire les hurlements, les mots jetés en vrac, les onomatopées en une langue familière. Où sont-ils partis ? Ils ont quitté notre univers, notre forme de pensée. Peut-on inventer des passerelles pour les rejoindre, ne pas les abandonner en *terra incognita* ?

Aujourd'hui pour la première fois, Daniel est encore en pyjama après le déjeuner. Il a refusé ce matin qu'on le lave, qu'on le rase, qu'on l'habille. Refus têtu, non négociable, contre lequel il vaut mieux ne pas lutter. Attendre un jour meilleur. Ses doigts suivent obstinément le liséré rouge le long de sa jambe de pantalon. Il a perçu mon regard, désapprobation, impuissance. Il répète avec un air de défi : « C'est beau ça, c'est rouge, c'est très beau. »

Joseph qui louait son élégance s'approche en glissant silencieusement dans ses grosses pantoufles et murmure d'une voix empreinte de tristesse : « Il fatigue. » Oui, je crois qu'il est fatigué. Profondément. Jusqu'à la moelle des os. Jusqu'au fond de l'âme. Fatigué de la tension pour rester en vie. De la lutte pour donner le change. Sa dérisoire stratégie du déjà-vu a disparu. Il ne dit plus avec assurance aux visiteurs : « Je vous connais », pour être bien sûr de ne pas être pris en défaut d'ignorance. De l'affirmation, il a imperceptiblement glissé vers le doute : « Je vous connais ? » Le point d'interrogation suspendu dans le tremblement de sa voix change tout. Et un jour, poliment, à son frère : « Je ne vous connais pas, monsieur. »

À qui le tour ? Je teste vainement les derniers repères. Je cite les prénoms, des enfants, des amis. Je décris les visages, des lieux, lui raconte des petites histoires qui nous unissaient. Je guette une lueur, un éclair dans ses yeux. D'un air las et absent, il acquiesce : « Oui, oui. » Je tente : « Et moi comment je m'appelle ? »

Silence. J'essaie encore, aussi ridicule que Jane avec Tarzan je pointe mon doigt sur sa poitrine : « Toi, Daniel, et moi ? » « Oui, moi c'est Daniel, toi, je ne sais plus, dis-moi. » Il m'écoute attentivement, répète, puis s'arrête : « J'ai oublié, je ne peux plus, tant pis. »

Mon désir de perpétuer mon existence en lui est trop violent. Viol de sa mémoire envolée. Je ne recommencerai plus jamais l'exercice. Vais-je disparaître s'il ne me reconnaît plus ?

*

un nouveau chemin à inscrire
entre les lettres entre les mots
dans les taillis et les rocailles
dont le vide absent se charge

*

Je ressens de moins en moins la légitimité de ma présence. Alors, à mon tour, pour donner le change, je me livre à des gestes dérisoires. Je l'accompagne dans sa chambre, j'ouvre la fenêtre qu'il referme aussitôt. Froid malgré la chaleur caniculaire, laisser le moins possible le dehors pénétrer son univers. Il me montre le lit : « Là c'est bon, très bon. » Puis il ajoute en haussant les épaules : « Je suis seul là. » Bingo, la lame s'enfonce plus profond. Que dire, c'est l'évidence. Mais la riposte jaillit du fond de ma souffrance : « Moi aussi je suis seule dans mon lit. »

Il est déjà passé à autre chose, un ramequin de crème délaissé du déjeuner qu'il avale avec gourmandise. Nous regardons le tableau de sa ferme natale accroché au mur : « J'étais là. » Un friselis de souvenirs anime fugitivement ses traits. Je poursuis mes gesticulations inutiles. J'ouvre son placard, c'est le chaos. Il lui arrive fréquemment de sortir ses vêtements et de les installer sur le banc du couloir. Comme pour une revue, ou un départ ? Si quelqu'un s'en approche, il le repousse avec un péremptoire : « C'est à moi ! » Il referme les portes sur mon intrusion. Normal, j'ai droit moi aussi au : « C'est à moi. » Je vais devoir me faire une liste de tout ce que je ne dois plus faire.

Je le prends par la main et nous sortons dans le parc. Le dehors est mon refuge. Les grands arbres du parc, un clocher, une chapelle blanche, des rosiers en fleur devant chaque rangée de vigne. Ce paysage m'apaise. J'aime ce pays retrouvé. « It's the place », dirent les mormons en arrivant au bord du lac Salé, et ils fondèrent Salt Lake City. Peut-être qu'un jour je poserai mon campement de nomade dans ces collines.

« On va pas loin je dois retourner là c'est là. »

Lui se retourne sans cesse vers sa dernière maison. Il lui jette des coups d'œil inquiets comme si elle allait profiter de sa désertion pour disparaître. Il connaît son havre, sa sécurité, il sait que son destin est scellé dans ces murs. Il accepte de se poser sur un banc orienté de telle façon qu'il ne la perde pas de vue. C'est le moment béni où nous allons partager une cigarette. Je l'allume et lui tends. Il la prend, la contemple un moment : « J'en fais quoi ? »

Et il me la rend. Je n'ai vu affleurer ni angoisse ni regret. C'est moi qui panique. Un pan entier de sa vie vient de s'effondrer sous mes yeux. L'accusée va regagner son étui. Cette cigarette qu'on a rendue coupable de tous ses maux, qu'on lui a tellement reprochée, qu'il aurait fallu lui interdire dès les premiers symptômes, n'a plus de sens pour lui. Au début, il harcelait tout le monde, réclamait sans cesse, « une petite, juste une ». Sitôt fumée, il l'oubliait et désirait déjà la suivante. Puis il a ralenti sa demande. C'est l'hiver, disait-on, pas de plaisir à fumer dans le froid, sous la pluie ou secoué par ce vent glacial. Mais les beaux jours n'ont pas ranimé l'envie. En cet après-midi de printemps, j'ai assisté impuissante à l'évanouissement de cet ultime plaisir. Il lui arrive encore de temps en temps d'accompagner une fumeuse, de chercher à tirer une bouffée, mais il ne sait plus aspirer. Vers quoi tendre encore s'il n'y a plus d'aspiration ? Tous ces gestes qui l'ont constitué, parler, écrire, fumer, ont disparu. Que lui reste-t-il encore à perdre, « respirer, et pour finir comment rester en vie[1] » ?

Je dois écouter ceux qui me disent : « Regardez-le, il marche, il mange, il rit, il est avec nous. » Dans le cercle des vivants.

*

*ainsi croissent les innocents
que rencontre le bel hasard
dans ses détours incertains*

*

Alors maintenant je les regarde vivre. Lui et « eux ». Ceux qui sont là sans être là et ceux qui les aident à y rester le mieux possible. Ceux qui, comme moi, viennent et reviennent ou n'oseront plus revenir. Je pense à tous les détours que nous, ceux du dehors, aimerions inventer pour ne pas « la » rencontrer, cette maladie d'Alzheimer dont le spectre persécute aujourd'hui chacun de nous. Passants pressés, nous lui faisons l'offrande d'une pensée aseptisée mais aussi chargée qu'un talisman. Car nous en avons peur. Conscients que l'attaque est sournoise, encore imprévisible et imparable. « Elle » est là, tapie dans nos synapses, lovée dans les replis de notre fragile hippocampe, invisible lésion qui, un jour ou l'autre, conduira l'impétrant à prendre la clé des champs.

C'est une guerre de tranchées, un terrorisme planétaire qui rôde, choisit ses proies. Attaque surprise, effondrement de la cible et dégâts collatéraux pour l'entourage. Des voix « autorisées »

---
1. Stefan Merril Block, *op. cit.*

sonnent l'alerte, multiplient les injonctions. Garnissez vos assiettes de fruits et de légumes ! C'est le remède universel à tous les maux du siècle. Blindez vos organismes de protéines, de vitamines. Et surtout chaussez votre équipement de gymnastique mentale. Pas une minute à perdre, dans le train, le bus, le métro, l'avion, dans votre canapé confortable, remplissez des grilles de mots croisés, de sudoku, avec la même ferveur que vous consacrez à celles du Loto qui fera décrocher le gros lot, l'assurance d'un cerveau en bon état jusqu'au dernier souffle.

೩෧

Rendre visite aux « naufragés de l'Alzheimer », c'est oser franchir la porte et braver la sommation dantesque : « Toi qui entres ici abandonne toute espérance[1]... »

Les visiteurs entrent armés de courage avec un petit bouquet d'amour biodégradable, des chocolats qui ne seront pas mangés, des livres qui ne seront pas lus. Et pourtant c'est dans l'imminence de l'instant, dans la rencontre entre ceux du dehors et les exilés du dedans que surgit une étincelle d'humanité.

Approchez-vous, ils ne sont pas contagieux. D'accord. Mais voici que surgit une nouvelle peur. « Qu'est-ce qu'on va leur dire ? » Peur primitive du vide. Ce vide qu'on leur attribue à cause de la parole absente, de la parole décousue, absurde ou inaccessible. Avec cette maladie de l'oubli, on n'arrête pas d'oublier l'essentiel : la conscience n'est qu'une partie émergée de notre activité mentale. Si elle est déficiente, cela suppose-t-il que tout le reste, cet énorme morceau de notre iceberg pensant et ressentant, a

---
1. Dante, *La Divine Comédie*, Livre III.

fondu avec le reste ? Le langage ne représente qu'une parcelle de nos capacités de communication. Notre incapacité à entrer en contact avec ces malades ne signifie pas forcément qu'ils n'ont plus de vie intérieure, de sentiments, de sensations.

En prenant le temps de partager des moments de leur vie, le visiteur n'est plus un intrus mais un membre de la communauté humaine rassemblée en ce lieu. Il suffit de s'asseoir près de Rose qui empile ses feuilles de coloriages, précaire rempart, digue de papier contre la marée montante de l'angoisse. De sourire à celle dont les yeux d'un bleu profond racontent à eux seuls l'histoire de ses hurlements. D'écouter Joseph décrire l'état de « son affaire », ses joies et ses soucis d'entrepreneur. De côtoyer sans frémir celle qui relève sa jupe pour retirer la couche souillée qui la gêne. De rire avec Alice qui lance joyeusement au nouvel arrivant : « Je vous emmerde, bande de couillons. » De tenir la main d'Angèle qui s'agrippe à la nôtre avec un regard qui mendie un contact, une caresse.

Humanité mise à rude épreuve, mais présente en chacun d'eux. En acceptant d'être interpellé, chahuté, bouleversé, choqué par cette apparente déchéance, le visiteur les rejoint dans une fraternelle communauté. Et si d'aventure il se sent chatouillé par la tentation de se rassurer de sa mémoire qui jamais ne flanche, de ses sphincters qui jamais ne le lâchent, du bon contrôle de ses pensées et de ses actes, c'est humain, bien humain.

❧

Et puis, il y a « eux », ceux qui font encore de ces vies « un projet ». Eux qui soulagent, soignent, lavent, habillent, nourrissent, font rire et consolent nos chers naufragés.

« Ils font de leur vie quotidienne une chance : que se répètent les heures avec le plus de douceur, de délicatesse possible et que ces heures viennent à la rencontre d'hommes détruits[1]. »

Point n'est besoin de leurs prénoms agrafés sur les blouses. On les reconnaît à leurs gestes, à leurs paroles. À l'attention toujours en éveil, sensible aux infimes moments de la vie quotidienne où tout peut basculer. Car il suffit d'un rien pour que ce frêle équilibre qui assure l'état d'humanité soit bafoué. Qu'on entre sans frapper dans la chambre. Qu'on réveille brutalement celui qui prolonge son sommeil du matin ou qu'on fasse effraction dans le monde qu'un autre s'est inventé pour échapper à l'angoisse, si dérangeant ou absurde qu'il puisse paraître, et le charme est rompu.

Sous le calme apparent rôdent l'incertitude, la fatigue, le poids absent de l'espérance abandonnée. Mais ils font de leurs doutes un moteur. Se remettre en cause constamment, accepter que ce qui paraît vrai aujourd'hui sera faux demain. S'adapter en permanence, changer, ajuster, inventer des propositions nouvelles qui le jour suivant seront déjà périmées. En s'engageant ici ils ont été propulsés dans l'obligation d'inventer. Nathalie s'est assise auprès de Simone qui, dans un douloureux moment de lucidité, pleure sur son épaule. Tout à coup, une question se fraie un chemin au milieu des larmes :

« Pourquoi avez-vous choisi ce métier ?

— C'est pour que vous puissiez poser votre tête sur mon épaule. »

Œuvre épuisante, lassante, ingrate, puisque rien de ce qui est donné n'arrêtera la marche implacable de la maladie. Lorsque je

---
1. Marie Depussé, *Dieu gît dans les détails*, P.O.L., 1993.

vois la fatigue éteindre leur regard, tirer les traits même si leur sourire contredit vaillamment l'abattement passager, je m'interroge. Combien de temps est-il humainement possible de faire ce métier ? Même s'ils jurent qu'ils n'en feraient aucun autre, l'usure est insidieuse, l'effritement contagieux. Une année déjà est passée, j'ai vu bon nombre d'entre eux partir vers d'autres horizons, vers d'autres formes de dépendance, mais jamais retourner vers celle-ci. Tant de monde aujourd'hui se dit préoccupé de cette maladie. Et si peu de ceux qui l'accompagnent. Les neurosciences, nous dit-on, progressent à pas de géant. Tant mieux pour la compréhension de cette maladie et pour notre futur. Mais qui écoute ceux qui dénoncent le « déficit d'accompagnement » de ces malades ?

Quant à « nous-les-familles », nous nous portons tellement mieux quand nous retrouvons nos êtres chers pomponnés, luisants de propreté, affairés dans leurs jeux, leurs gâteaux, leurs travaux manuels. De « vous-les-soignants » qui portez ces vies fléchissantes que nous avons déposées entre vos mains, nous attendons tellement. Nous redoutons tant d'avoir l'air de les délaisser que nous devenons exigeants. Nous sommes à l'affût de fictions rassurantes, mais nous râlons quand il manque une chaussette. Pour maintenir à distance le spectre de l'abandon qui hante nos nuits, nous avons besoin que le relais fonctionne. Quand vous, qui les avez en charge, allez bien, nous sommes rassurés. Quel poids sur vos épaules ! Vous qui vous désignez modestement « artisans de bien-être », qui prend soin du vôtre ? Quels budgets sont prévus pour vous apporter l'écoute, les encouragements et les conseils de professionnels spécialisés ? Tous les penseurs affairés d'une commisération prospective autour de ce fléau grandissant prennent-ils en considération que vous, qui vous le colletez au jour le jour, avez un besoin vital de plus d'assurance, de confort, de reconnaissance ? « Nous aimerions de temps en temps pouvoir entendre une pointure », me dit un jour Nadine, la musicothérapeute. Vous rêvez de quelqu'un qui se déplacerait spécialement pour vous. Quelqu'un qui aurait autorité pour vous parler d'une autre manière d'approcher ces patients, de communiquer avec eux. Sans l'oxygène de la réflexion, vous étouffez enfermés dans l'arène.

Nous, conjoints, enfants, amis qui venons d'y passer quelques heures, nous sommes épuisés. Vite le code de sortie, la grande porte verte qui va nous mettre à l'abri de leurs cris et de leurs angoisses. Nous vous les laissons en attendant que soit inventée la potion miraculeuse qui va anticiper, retarder, empêcher, guérir la maladie.

Mais il existe déjà le miracle. C'est entendre Daniel répéter : « C'est beau ici, c'est bon, c'est bien. » Le miracle, c'est « la part des anges », ces mots, ces noms, ces visages qui se sont évaporés quand l'amour est encore présent : entre vos mains, les nôtres, les miennes.

༶

Alice s'énerve. Alice est toujours en colère. Elle grommelle, tempête, injurie et souvent cogne. Christelle qui cherche à la calmer reçoit une gifle. Sous la violence du choc et de l'inattendu, les larmes jaillissent. Daniel pose tendrement une main légère sur son épaule. « Ça va passer. »

C'est toujours ce qu'il me disait. Pour les petites et les grandes souffrances.

Je ne mesurais pas alors combien il avait raison.

*

quels sentiers perdus
t'auront conduit à frôler
l'inoubliable chemin
quelles angoisses mal étreintes
ont nourri tes élans lumineux
demain n'est plus si loin

*

Épilogue

*La rage de comprendre se transforme en plaisir d'explorer,
la nécessité de fouiller l'enfer pour y trouver
un coin de paradis
se mue en aptitude à rencontrer des insuffleurs d'âmes.*

Boris Cyrulnik
Autobiographie d'un épouvantail

Dans sa septième année, Clémentine avait coutume de nous offrir un florilège de mots d'enfant. Me voyant un jour rire aux éclats d'une de ces plaisanteries que Daniel savait si bien tourner, elle se penche vers moi et, sur le ton de la confidence, complice et sentencieuse, elle susurre : « Mamy, Papet il te va bien. »

Oh oui, il m'allait bien. Il a exalté mes passions, gommé mes aspérités, ravivé mes couleurs. Je ne vais pas maintenant lui substituer les voiles du deuil. Non, je ne vais pas hisser à mon revers la barrette de crêpe, ni cercler mon cou d'un ruban de velours noir comme les veuves de jadis qui annonçaient ainsi au monde entier leur entrée dans le temps du renoncement.

Je ne peux pas porter son deuil. Il est vivant. Lui dont l'expression favorite se réduit aujourd'hui à trois mots : « On peut vivre. » Mots qui à eux seuls clament tout son programme. Mais que répondre à l'injonction si souvent entendue : « Il est temps de faire ton deuil. » Injonction à l'oubli, à l'indifférence, au défrichage d'un nouveau chemin sans lui ? Je tourne autour de la question comme une abeille déboussolée.

Fébrilement, je consulte mes *Maîtres anciens*. À l'instar de Thomas Bernhard et de son héros désespéré, je constate qu'ils sont « inutilisables ». Toute notre vie, nous cherchons chez les penseurs de quoi nous remplir l'esprit, comme un coffre-fort à ouvrir le moment venu, certains d'y trouver le matériel de survie qui va nous permettre de faire face au désespoir. Dans les moments de détresse où j'en avais le plus besoin, j'ai, moi aussi, découvert que le coffre était vide. Rien sur l'absence. Rien sur le manque. Rien sur l'esprit que l'on croit mort dans un corps vivant. Rien sur l'amour que l'on croit englouti avec la disparition de l'autre. Rien sur la lumière quand on se croit dans l'obscurité.

Je reste seule avec ma quête. Quelque chose en moi ne veut pas céder. Un noyau dur résiste. Comme si en m'abandonnant, comme si en acceptant de faire mon deuil de lui, j'avais, pour la seconde fois, la tentation de le tuer.

La radio joue en sourdine de vieux airs qui ont accompagné tous nos âges. Barbara chante « Ma plus belle histoire d'amour, c'est vous ». Je fredonne avec elle : « Ce soir je vous remercie de vous... »

Et voilà qu'éclate, aveuglante, fulgurante, la réponse que j'ai tant cherchée. Elle foudroie mon cerveau et vrille mon cœur avec tout à la fois la violence d'un orage tropical et la douceur d'une brise de printemps. Une évidence. Un soulagement. Pour lui survivre en paix, ne pas lui dire adieu, pour revivre en paix, lui dire merci...

>   merci d'avoir été
>   merci de m'avoir fait rire
>   merci du bon thé du matin

merci des poèmes d'amour
merci du jardin de roses
merci d'avoir accompli simplement ce que je dois faire seule aujourd'hui
merci de m'avoir fait traverser l'enfer de ta maladie pour que je devienne une autre

Pour abolir la souffrance je m'étais mise à vivre « comme vivent les épouvantails, du bois dans l'âme et de la paille aux mains[1] ». Dès lors que j'ai cessé de « fouiller l'enfer », j'ai pu rencontrer d'autres humains qui m'ont fait découvrir « l'infinie puissance d'être ».

Merci à tous les « insuffleurs d'âmes » que j'ai croisés sur mon chemin.

Réconciliée avec mes *Maîtres anciens*, j'ai compris qu'en cherchant le savoir plus que la connaissance, je m'étais égarée. J'aurais dû mieux fréquenter Montaigne : « J'aime mieux forger mon âme que la meubler » !

Le bois et la paille ont flambé dans un grand feu de joie. Le cœur s'est ouvert, est redevenu chair, sang et amour. J'ai pu dire à mon tour : « On peut vivre. »

---

1. Boris Cyrulnik, *op. cit.*

Remerciements

*Merci
à tous ceux qui n'ont pas pris la fuite
à ceux qui ont entouré Daniel sur ce long chemin
à ceux dont l'amour et les attentions m'ont aidée à survivre
à tous ceux qui se sont engagés avec moi pour que ce livre existe.*

*Achevé d'imprimer
sur Roto-Page
par l'Imprimerie Floch
à Mayenne, en mai 2011.
Dépôt légal : mai 2011.
Numéro d'imprimeur : 79552.*

Imprimé en France